Stefanie & Giovanni Buommino

Glücksorte in Neapel

Fahr hin & werd glücklich

Dieses

Glücksbuch

ist für

Liebe Glücksuchende,

„Napule è mille culure“, „Neapel, das sind tausend Farben“, sang Pino Daniele in einem berühmten Lied. Poetisch drückt es die Liebe zu dieser lebensfrohen Stadt aus, die eigentlich eine ganze Welt ist. Bei ihrer Entdeckung erfährt man das Glück mit allen Sinnen: Man schmeckt es beim Genuss einer duftenden Pizza, lauscht ihm bei einem neapolitanischen Konzert und spürt es auf malerischen Treppenwegen.

So vielseitig und voller Kontraste wie die Stadt sind auch ihre Sehnsuchtsorte. Manche zeigen sich unvermittelt als himmelblaues Belvedere oder elegantes Villenviertel. Andere liegen im mysteriösen Untergrund oder abseits bekannter Pfade, so wie das volkstümliche Rione Sanità. Doch eines haben sie alle gemeinsam: Sie machen glücklich!

Um Orte für jeden „Glückstyp“ aufzuspüren, haben wir auch Familie und Freunde in Giovannis Geburtsstadt nach ihren Lieblingsplätzen befragt. So besuchten wir versteckte Museen, erklommen Panoramadächer und vertilgten gefühlt Hunderte „Das ist die Beste“-Pizzas. Dabei verspürten wir wieder einmal große Begeisterung für die schillernden Facetten Neapels, die wir gerne mit Ihnen teilen möchten.

Nicht gerade leicht fiel uns die Auswahl der Ausflüge, denn die Ziele am Golf von Neapel könnten sicher ein eigenes Buch füllen. Aber so viel sei verraten: Neben dem berühmten Pompeji und Capri sind auch ein Vulkansee und das Inselchen Procida mit von der Partie.

Wir wünschen Ihnen bei der Entdeckung dieser besonderen Wohlfühlorte tausend Glücksmomente in allen Farben!

Stefanie & Giovanni Buommino

GLÜCK

Deine Glücksorte ...

... noch mehr Glück für dich

Dem Himmel so nah

1 360-Grad-Panorama auf dem Castel Sant'Elmo

Wie viel näher kann man dem Himmel eigentlich sein? Egal wohin der Blick fällt, vom Dach der Burg Sant'Elmo eröffnen sich in alle Richtungen traumhafte Panoramen. Bei einer stetigen Windbrise schweifen die Augen vom Bergzug der Apenninen bis zum Vesuv, über das Häusermeer der Stadt und den Hafen mit weißen Kreuzfahrtriesen weiter bis zur Promenade und der Anhöhe von Posillipo.

Den Besuchern macht es offensichtlich großen Spaß, von hier oben nach Orten zu suchen, die sie bereits gesehen haben: „Schau mal, ist das nicht der Fischerhafen von Mergellina?" „Und dort drüben, das sind doch Spaccanapoli und das Kloster Santa Chiara!" Aber es gibt noch eine Steigerung: Treppen führen zu einem breiten Rundweg an der Wehrmauer mit einer spektakulären Rundumsicht. Er ist der perfekte Ort für einen Spaziergang bei Sonnenuntergang, wenn das Meer, die Häuser und Kirchenkuppeln in sanften Rosa-Blau-Tönen schimmern. Es ist nahezu unmöglich, bei dieser fantastischen Aussicht keine Entschleunigung zu erleben. Gelassen findet man hier oben zu sich selbst, gewinnt Abstand vom pulsierenden Stadtleben, seinen Klängen und Stimmen. Auch viele Einheimische genießen diese ruhigen Momente immer wieder gerne, seitdem die Burg in den 80er-Jahren für die Öffentlichkeit zugänglich gemacht wurde.

Um auf ihr Dach zu gelangen, fährt man einfach mit dem Aufzug bis ganz nach oben. Schon findet man sich im mittelalterlichen Burghof mit antiken Kanonen wieder und wird dort magisch von der mächtigen Festungsmauer angezogen, hinter der eine himmelblaue Fernsicht wartet. Die Burg Sant'Elmo ist leicht zu finden, denn sie ist von beinahe überall in Neapel sichtbar. Weithin erkennbar thront das sternenförmige Bollwerk auf dem Vomero-Hügel, oberhalb der Certosa di San Martino. Seine herausragende Lage und monumentale Dachterrasse machen es zu einem der atemberaubenden Panorama-Spots in Neapel.

TIPP

In der Burg zeigt das Museo del Novecento Kunst aus dem 20. Jahrhundert.

- Castel Sant'Elmo, Via Tito Angelini 22, 80129 Neapel, Tel. +39 081 5 58 77 08
- ÖPNV: Bus V1, Haltestelle P.le S. Martino, U-Bahn L1, Haltestelle Vanvitelli oder mehrere Funicolari, von dort 5 bis 15 Minuten zu Fuß

Sonne, Strand und Meer

2 Badespaß an der Spiaggia di Posillipo

Dem Klang der Wellen lauschen, den Sand unter den Füßen spüren und ins blaue Meer eintauchen. Heute ist Strandzeit! Mit dem Bus geht es zur Spiaggia di Posillipo, einem herrlichen Badestrand aus Vulkansand. Von der panoramareichen Via Posillipo lässt er sich in seiner ganzen Pracht überblicken. Kein Wunder, dass er sich als längster Sandstrand in Zentrumsnähe großer Beliebtheit erfreut, schließlich ist er traumhaft gelegen: Eingebettet zwischen dem Palazzo Donn'Anna und der rot getünchten Villa Guercia breitet er sich vor einer fantastischen Vesuvkulisse aus.

Bevor der Badespaß losgehen kann, gilt es allerdings noch eine Entscheidung zu treffen: Welcher Lido soll es denn sein? Seit mehr als 100 Jahren teilen sich nämlich zwei Strandbäder den begehrten Sandstreifen: das Bagno Ideal und das mondäne Bagno Elena, mühelos zu erkennen an einem weit ins saubere Meer ragenden Holzsteg. Über sanften Wellen laden dort Strandliegen zum Energietanken ein, überall duftet es nach Sonnenmilch. Kinder planschen im flach abfallenden Wasser, während sich die Großen in der Beach Bar einen Snack gönnen. Das Publikum ist vielfältig, hin und wieder lässt sich auch mal ein prominenter Gast blicken.

TIPP
Nachmittags unter der Woche ist der Eintritt inklusive Sonnenliege etwas günstiger.

Ein nostalgisch-schicker Flair liegt in der Luft, und das nicht ohne Grund. 1840 war das Bagno Elena der erste Lido der Stadt und durfte seither schon etliche Berühmtheiten begrüßen. Auch Eduardo De Filippo und Richard Wagner haben sich hier erfrischt. Das benachbarte Bagno Ideal rühmt sich hingegen damit, direkt unterhalb eines der bekanntesten Prachtbauten Neapels zu liegen, dem sagenumwobenen Palazzo Donn'Anna. In der Urlaubssaison geht es in beiden Strandbädern gesellig und lebhaft zu, ebenso wie im kleinen Bagno Sirena auf der anderen Seite des Palazzo Donn'Anna. Überschaubarer sind die weiter vom Zentrum entfernten Badestellen wie *la spiaggia di Gaiola*. Einige erreicht man per Boot oder von der Bushaltestelle über längere Fußwege, teils sind sie frei zugänglich.

● Spiaggia di Posillipo, Via Posillipo 14 (www.bagnoelena.it) und Via Posillipo 18 (www.bagnoideal.com), 80123 Neapel
● ÖPNV: Bus 140, Haltestelle Posillipo

Napoli unplugged

3 Unterwegs in den Quartieri Spagnoli

Nirgends ist man der Seele Neapels näher als in den Quartieri Spagnoli, dem „Spanischen Viertel". Dort, im Stadtteil Montecalvario, scheint die Zeit in den 1950ern stehen geblieben zu sein. Fast wie eine Filmkulisse wirkt das enge Gassenlabyrinth, das sich steil neben der Via Toledo hinaufzieht. Bunte Wäschestücke baumeln zwischen Balkonen und verzierte Wandaltäre mit Madonnenbildern schmücken die Hauswände. Für die Geräuschkulisse sorgen knatternde *motorini,* die sich gekonnt durch die schmalen Sträßchen schlängeln. Die Menschen leben dicht beieinander in diesem alten Viertel, das im 16. Jahrhundert von den spanischen Besatzern als Soldaten-Quartier errichtet wurde. Bekannte Touristenattraktionen sucht man hier vergeblich, findet aber stattdessen eine große Portion Glück. Manchmal offenbart es sich in einer kleinen Kirche, wie der S. Maria Francesca Delle Cinque Piaghe, wo Paare für die Erfüllung ihres Kinderwunschs beten. In dem mit Frauenfiguren geschmückten Gotteshaus ist fühlbar, wie tief verwurzelt die Verehrung des Weiblichen im hiesigen Glauben ist. Mitunter liegt das Glück auch direkt auf der Straße, so wie an der Piazza vor dem *Murales Maradona.* Das legendäre Fassadengemälde mit Diego Maradona wurde von Bewohnern im Freudentaumel nach einem Sieg des SSC Napoli angefertigt. Für bodenständigen Gaumengenuss sorgen urige Trattorien und Pizzerien, die sich auch bei Urlaubsgästen zunehmender Beliebtheit erfreuen. Viele kommen von der Fußgängerzone und werden von den bunten Fähnchen im Vico Giardinetto angelockt.

TIPP

Die Trattoria Antica Capri an der Via Speranzella 110 bietet Traditionsküche im rustikalen Ambiente.

Plakate mit neapolitanischen Filmstars schmücken die steilen Wege und lassen für einen Moment vergessen, dass die Quartieri lange nicht den besten Ruf genossen. Doch in den letzten Jahren zieht das Viertel gleichfalls Studierende und Kunstschaffende an. Und auch Kulturvereine tragen dazu bei, dass sich die Gegend langsam zu einem Trendviertel entwickelt. Selbst wenn die Reise dorthin von der mondänen Via Toledo noch immer in eine andere Welt führt.

- Quartieri Spagnoli, am Hang zwischen Via Toledo und Corso Vittorio Emanuele, 80132 Neapel
- ÖPNV: U-Bahn L1, Haltestelle Toledo

Weltklasse-Pizza

4 Passion und Tradition in der Taverna di Totò

Schon beim Betreten der Taverna di Totò spürt man es: Diese Pizzeria ist aus Leidenschaft entstanden. An vielen Details zeigt sich die Liebe des herzlichen Gastwirts Francesco Rej zur hohen Kunst des Pizzabackens und zu seinem Viertel. Im Herzen des Rione Sanità verführt er seine Gäste mit authentischer Pizza napoletana, die mit jedem Bissen aufs Neue überrascht. Hier stimmt einfach alles: vom Teig bis zur ausgewogenen Kombination der qualitativ hochwertigen Zutaten.
Beim 18. Campionato Mondiale del Pizzaiuolo, der Weltmeisterschaft der Pizzabäcker, wurde Francesco mit dem dritten Platz in der Kategorie „Klassische Pizza“ ausgezeichnet. Seit 2019 ist es also quasi amtlich, dass man in der Taverna di Totò eine der besten Pizzas in Neapel kosten kann. Die Stammgäste wussten das natürlich schon vorher. Sie kommen immer wieder gerne in das gemütliche Lokal, das ebenfalls eine Trattoria ist. Auf der Speisekarte stehen typische neapolitanische Speisen wie *Frittura mista, Spaghetti alle Vongole* und frischer Fisch. Genießen kann man sie an den Holztischen hinter dem mosaikverzierten Holzofen oder im heimeligen Gewölbe im oberen Stock.
Mit dem Namen seiner Taverna würdigt Francesco den Schauspieler Antonio de Curtis, alias Totò. Er wurde 1898 im Sanità-Viertel geboren und wird in ganz Italien für seine Komödien geliebt. Nach ihnen hat Francesco einige seiner leckeren Pizzas benannt. So wie die *Totò e Peppino 1956*, fein belegt mit gelben und roten Minitomaten, Mozzarella und frischem Basilikum. Von den Außentischen an der Via Sanità kann man sie stilsicher vor dem Fassadengemälde *Totò e Peppino* gegenüber genießen. An den „Prinz des Lachens“ erinnert auch die schöne Holzbüste neben dem Eingang. Erschaffen wurde sie vom Bildhauer Luigi Buommino (Giovannis Vater), der ebenfalls aus diesem Viertel stammt. Drinnen zeigen Fotos Szenen aus alten Filmen, die noch immer die Menschen glücklich machen. Genau wie die köstliche Pizza von Francesco Rej!

- Pizzeria La Taverna di Totò, Via Sanità 33/c, 80136 Neapel, Tel. +39 081 44 90 20
- ÖPNV: U-Bahn L2, Haltestelle Cavour, von dort ca. 10 Minuten zu Fuß

STERDAM
HOLLAND
LA
TAVERNA
DI TOTÒ

Postkarten aus Neapel

5 Auf dem Belvedere di Sant'Antonio in Posillipo

Attraktive Panorama-Spots gibt es eine Menge in Neapel. Bei einigen wäre es schön, man hätte mehr als zwei Augen, um ihren Zauber einzufangen. So wie beim Belvedere di Sant'Antonio, der bekanntesten Aussichtsterrasse der Stadt. Über der Via Orazio in Posillipo zeigt sie die Metropole in ihrer vollen Pracht, so wie wir sie von klassischen Postkarten kennen. Aber wohin bloß zuerst schauen? Der Blick wandert von den schaukelnden Booten im Hafen von Mergellina zu den Herrschaftshäusern an der Riviera di Chiaia, zum Borgo Marinari und Castel Sant'Elmo auf dem Vomero, bis er sich schließlich irgendwo zwischen dem Vesuv und der Sorrentküste verliert. Solch eine romantische Kulisse ist natürlich wie gemacht für unvergessliche Glücksmomente zu zweit. Das wissen auch die Brautpaare, die in der Chiesa di Sant'Antonio heiraten. Sie ist die Namensgeberin des Belvedere, das die meisten Einheimischen einfach *Terrazza di Posillipo* nennen.

Abends und am Wochenende ist es ein beliebter Treffpunkt. Voller Vorfreude erwarten die Menschen den Sonnenuntergang, wenn die orangefarbenen Lichter der Stadt vor dem dunkelblauen Abendhimmel zu leuchten beginnen. Nach Einbruch der Dunkelheit verwandelt sich Neapel in ein einziges Lichtermeer. Idyllisch glitzern die Straßenlaternen an der Promenade im Wasser und zeichnen die geschwungene Bucht nach. Klar, dass die Aussichtsterrasse für Napoli-by-night-Touren ganz oben auf der Liste steht. Und auch tagsüber legen hier viele organisierte Ausflugsfahrten einen obligatorischen Stopp ein, egal ob mit Vespa, E-Bike oder Bus.

Von der Haltestelle der Funicolare di Mergellina, einer alten Standseilbahn, ist das Belvedere nur einen kleinen Spaziergang entfernt. Wanderlustige mit guter Kondition können die zackenartig nach oben führende Rampe di Sant'Antonio erklimmen. Der Weg verbindet die Küste in Mergellina mit dem Posillipo-Hügel und wird von schönen Aussichten über die bunten Dächer der Stadt begleitet.

● Belvedere di Sant'Antonio, Via Minucio Felice 3–7, 80122 Neapel
● ÖPNV: Funicolare di Mergellina, Station S. Antonio

In der Puppenklinik

6 Sprechstunde im Ospedale delle bambole

Im Innenhof des Palazzo Marigliano liegt das Tor zur märchenhaften Welt des Ospedale delle bambole. Mitten in Spaccanapoli werden dort seit Generationen zerbrochene Kindheitsträume repariert. Verletzte Puppen und kränkelnde Teddybären sind bei der Chefdoktorin Tiziana Grassi und ihren Assistentinnen in besten Händen. Liebevoll versorgen sie die Wunden der treuen Spielgefährten, vom gebrochenen Bein bis zur kaputten Nase. Wie in einer „normalen" Klinik gibt es auch hier eine Notaufnahme, einen Wartebereich und einen Operationssaal. Dort kann man Tiziana dabei zusehen, wie sie neue Augen transplantiert, verdrehte Schultern operiert und Stoffohren wieder annäht. Glücklich strahlen die kleinen Klinikbesucher, wenn sie mit Stethoskop und Röntgengerät bei einer Sondersprechstunde ihre mitgebrachten Lieblinge untersuchen dürfen.

Angefangen hat alles mit dem Urgroßvater von Tiziana, der für ein Lächeln die Puppen der Kinder reparierte. Seitdem gehört die Puppenklinik untrennbar zur Altstadt von Neapel. Seit einigen Jahren erfreut sie ihre Gäste mit einem bezaubernd nostalgischen Museum, dem Licht-Schatten-Installationen und Spieluhrklänge eine unwirkliche Atmosphäre verleihen. Zwischen Spielsachen, Puppenkleidung und alten Stimmautomaten fühlt es sich an, als ob man von Hunderten neugierigen Augen beobachtet würde. Es sind die Blicke von unzähligen Puppen, welche dem Ospedale delle bambole im Laufe der Jahre geschenkt wurden. Jede von ihnen trägt die Träume eines Kindes mit sich, die sie mit Leben erfüllen. Das macht sie zu so einzigartigen, ja beinahe vitalen Geschöpfen.

Umgeben von diesem fantastischen Ambiente darf man Platz vor einer kleinen Kinoleinwand nehmen. Gezeigt wird ein hinreißend poetischer Film, der die lange Geschichte dieses Glücksorts erzählt. Und für einen Moment spielt man wieder selbstvergessen im Kinderzimmer, einfach wunderbar. Pure Magie – versprochen!

● Ospedale delle bambole, Via San Biagio dei Librai 39, 80138 Neapel, Tel. +39 081 18 63 97 97, www.ospedaledellebambole.com
● ÖPNV: U-Bahn L1, Haltestelle Duomo

OSPEDALE
Restauro

Melodie der Stimmen

7 Ein Bummel über den Mercatino di Antignano

Wer sucht, der findet. So könnte das Motto der neapolitanischen Märkte lauten. Besonders gilt das für den Mercatino di Antignano im Vomero-Viertel. Dort gibt es Fashion made in Italy oder China, Vintage-Mode, Regenschirme (an wolkigen Tagen plötzlich an jeder Ecke), Unterwäsche, Espressokannen, Tassen und Teller. Untermalt wird das bunte Gewusel von den melodischen *voci napoletane,* den Stimmen der Händler, die mit amüsanten Sprüchen ihre Ware anpreisen.
Während man sich seinen Weg durch die Verkaufsstände ebnet und die leicht im Wind wehenden Kleider betrachtet, wird man unversehens Teil dieser pulsierenden Stadt. Vollendet wird die Markterfahrung alla napoletana bei der Anprobe einer Hose im Kofferraum eines Lieferwagens, ein beengtes, aber spaßiges Erlebnis! Mit Schuhen ist das schon schwieriger: Reinschlüpfen auf einem Stück Pappe ist erlaubt, Probelaufen geht jedoch meistens nicht. Die besten Angebote sind zumeist an einer Menschentraube erkennbar, die sich aufgeregt um einen Wühltisch drängt. In rasanter Geschwindigkeit ziehen dort Frauen ein Teil nach dem anderen aus einem Klamottenberg heraus und begutachten es rasch. So lange, bis es sich endlich einstellt, das Lächeln der Genugtuung! Nach dem Reinstürzen ins Gewühl wird man für diesen Mut oft mit einem schicken Kleidungsstück für ein paar Euro belohnt. Ein kurzes Glücksgefühl, das garantiert lange in Erinnerung bleibt. Das stellt sich auch in der bunt gefüllten Markthalle ein, wo es wunderbar nach Basilikum und fruchtigen Orangen duftet. Nur die aromatischsten Tomaten und saftigsten Früchte schaffen es in die Körbe der einkaufsroutinierten Neapolitanerinnen. Melonen müssen zuvor einer besonders ausgiebigen Prüfung standhalten. Honigsüß sind sie bestimmt alle, aber es gilt, das beste Stück zu ergattern. Frischen Fisch gibt es am Largo Antignano auf der anderen Straßenseite. Dort setzt sich der Markt in einer schmalen Gasse fort – ein malerisches Bild!

TIPP
Immer ausreichend Kleingeld mitnehmen. Die Händler können oft nicht wechseln.

● Mercatino di Antignano, Via Marcello Casale de Bustis, 80129 Neapel
● ÖPNV: U-Bahn L1, Haltestelle Piazza Medaglie d'Oro

€5,00

Von der Hand in den Mund

8

Frittiertes Streetfood beim Imbiss Il Cuoppo

Pizza, Pasta und jetzt auch noch das! Neapel ist die italienische Hauptstadt des Streetfoods. Was früher als Arme-Leute-Speise verkauft wurde, ist mittlerweile zum Trend avanciert. Weit oben auf der Beliebtheitsskala stehen die als *pizzette* bezeichneten kleinen Pizzas und die Köstlichkeiten der Friggitorie. Es ist erstaunlich, was in den kleinen Imbissläden alles in heißem Öl knusprig und goldgelb frittiert wird: *Zeppole* (Hefeteigkugeln), Reisbällchen, Zucchiniblüten, Kroketten, Mozzarella-Kügelchen, Auberginenstückchen, Kartoffeln und natürlich jegliche Art von Fisch.

Besonders lecker schmeckt es beim Imbiss Il Cuoppo, der die antike neapolitanische Frittiertradition aufgreift und neu interpretiert. Beim Schlendern durch Spaccanapoli kommt man meistens an einem dieser Läden vorbei. Oder besser gesagt, man kommt eigentlich nie daran vorbei. Zumindest nicht, ohne etwas zu probieren. Allein schon der Duft rund um den fröhlich-bunten Straßenverkauf, dessen Äußeres an die Quartieri Spagnoli erinnert, ist unwiderstehlich. Sofort erkennbar ist er an vielen Menschen, die draußen sehnsüchtig auf ihr Essen warten. Denn jede Bestellung wird frisch zubereitet, das kann auch mal ein paar Minuten dauern. Serviert werden die ausgebackenen Leckereien im typischen *cuoppo*, einem zum Kegel gefalteten Papierstück. Es absorbiert überschüssiges Öl, was die Speisen leichter verdaulich macht. Ein bisschen erinnert der ockergelbe Konus an die Wundertüten aus der Kindheit, die Vorfreude auf den Inhalt inbegriffen.

Der Take-away bietet Frittiertes in etlichen Variationen an. Ein nachgefragter Klassiker ist *O' cuopp e mare* mit allem, was das Meer so hergibt. Köstlich schmeckt auch *O' cuopp ro patafriariello*, frittierte Bällchen aus Kartoffeln und Stängelkohl. Mit Holzstäbchen pickt man sie glücklich aus dem Papier, mal beim Spazierengehen, mal an einem der kleinen Tische vor dem Lokal.

- Il Cuoppo Friggitori napoletani, Via San Biagio Dei Librai 23 und Via Dei Tribunali 43, 80138 Neapel, www.ilcuoppo.it
- ÖPNV: U-Bahn L1, Station Dante oder Duomo, von dort 10 Minuten zu Fuß

iL Cuoppo
friggendo per te...
ilcuoppo.it
friggitori napoletani
28
CONDIVIDI CON NOI UN SELFIE CON IL TUO CUOPPO!
STREET FOOD
POLLO
MOZZARELLINE
TERRA
GENTILMENTE VI INVITIAMO A RISPETTARE LA DISTANZA DI SICUREZZA
ENG
O' Cuopp' E' TERRA
potato ball, rice ball,omelet pasta, pumpkin flower, courgette, aubergine and fried dough
€ 5,00
O' Cuopp' E' MARE
baby cuttlefish, baby squid,anchovies, shrimp tail, fried cod and fried dough
€ 6,00
O' Cuopp' RE' ALICI
anchovies and fried dough
€ 4,00
O' Cuopp' GOURMET
2 special rice balls*, monaco (omelet pasta with courgette, smoked cheese and mint), genovese (omelet pasta with onion sauce
€ 8,00
1°classified (food advisor)
Best cuoppo in Naples
O' Cuopp' VEGETARIANO
courgette, aubergine and pumpkin flower
€ 4,00
O' Cuopp' RO' LIMONCIOTTO*
rice ball with shrimps,lemon, saffron and fried dough
€ 4,00
O' Cuopp' RA' MADONNINA*
rice ball with smoked ham, smoked mozzarella and fried dough
€ 4,00
O' Cuopp' RE' CHELE
crab legs
€ 3,00
O' Cuopp' RE' PATATE
french fries
€ 3,00
O' Cuopp' RO' PATAFRIARIELLO
potato ball with smoked mozzarella, friarielli (vegetable similar to broccoli) and fried dough
€ 4,00
O' Cuopp' RE' MOZZARELLINE
fried mozzarella
€ 3,00
O' Cuopp' RE' CROCCHETTE
chicken nuggets
€ 3,00
Stiamo friggendo per te...
@ilcuoppofriggitorinapoletani

Abseits bekannter Pfade

9 Panoramawandern auf dem Petraio

Zum Einkaufen rauf auf den Vomero, dann runter zum Hafen von Mergellina und später wieder hinauf, diesmal nach Posillipo: Neapel dehnt sich am Meer und auf sanft geschwungenen Hügeln aus. Auf den ersten Blick scheint es, als ob die höher gelegenen Stadtviertel nur durch Straßen oder Funicolari (Standseilbahnen) erreichbar seien und ein Eigenleben führten. Doch durch die Stadt zieht sich ein Netz von alten Fußwegen, auf denen nur wenige Menschen spazieren. Einer ihrer malerischsten ist der Petraio. In der Nähe des Bahnhofs Morghen der Funicolare Montesanto führt er vom Vomero runter nach Chiaia, vorbei an ockergelben und ziegelroten Häuschen. Sie gehören zur alten Siedlung Borgo di Petraio, die sich geruhsam im sonst so hektischen Neapel präsentiert. Hier scheinen die Uhren langsamer zu laufen. Kinder spielen ungestört vor der Haustür und am Weg bezaubern Töpfe mit blühenden Geranien. Manche Anwohner nutzen die Stufen zum Trocknen ihrer Wäsche, fast so als wäre der Weg eine Erweiterung ihres Heims.

Ursprünglich war der Petraio ein Flussbett, durch das Regenwasser vom Vomero hinunter nach Chiaia floss. Seinen Namen verdankt er vermutlich der steinigen Natur des Terrains, auf dem er zwischen dem 16. und 17. Jahrhundert erbaut wurde (pietra heißt „Stein"). Damals entstanden auch die ersten Häuser in diesem einst ländlichen Gebiet. Die später errichteten Jugendstilhäuser verleihen dem Weg einen besonderen Charme. An sonnigen Tagen ist es ein reines Vergnügen, ihn in aller Ruhe zu erwandern, denn auf Schritt und Tritt wird man von Panoramen über den Golf von Neapel, von Sorrent bis Capri begleitet. Über 500 Stufen gilt es zu erklimmen, doch das malerische Ambiente lässt jede Anstrengung schnell vergessen. Am besten läuft man die Gradini del Petraio von oben nach unten, damit einem auch nicht nur das kleinste Fitzelchen dieser tollen Landschaft entgeht. Sonst kommt man nämlich nicht umhin, sich ständig umzudrehen.

- Gradini del Petraio, 80127 Neapel
- ÖPNV: U-Bahn L1, Station Vanvitelli oder Funicolare Montesanto, Haltestelle Morghen

Stilvolle Kaffeepause

10 Zu Besuch im Gran Caffè Gambrinus

Lust auf einen Abstecher in die Belle Époque? Dann wird es Zeit für eine stilvolle Pause im Gran Caffè Gambrinus, dem berühmtesten Kaffeehaus von Neapel. Zur Zeit der Jahrhundertwende trafen sich hier Schriftstellergrößen wie Oscar Wilde und Jean-Paul Sartre. Auch Kaiserin Sissi gehörte zu dem illustren Publikum des Hauses und kostete dort *gelato alla violetta,* ein lilafarbenes Veilcheneis.

Natürlich wird im Gran Caffè Gambrinus die Tradition der neapolitanischen Kaffeekunst hochgehalten. Denn spätestens seit dem 19. Jahrhundert ist Kaffee in Neapel mehr als nur ein Getränk, es ist ein Ritual! Man trinkt ihn traditionell nach einem Glas Wasser im Stehen an der Bar, im Gambrinus ist sie holzvertäfelt. Serviert wird der kleine Schwarze hier in kunstvoll verzierten Espressotassen aus neapolitanischem Porzellan. Rundum präsentieren Theken eine überwältigende Fülle köstlicher Backwaren und Schokoladenkreationen aus eigener Herstellung: *Babà al cioccolato, Torta Caprese* aus Mandeln und Schokolade, mit zarter Ricotta-Creme gefüllte *cannoli,* aber auch herzhafte *pizzette.*

Recht lebhaft geht es an der gut besuchten Bar zu. Anders verhält es sich im dazugehörenden Jugendstilsalon mit Gold und Stuck, wo sich das Gran Caffè von seiner vornehmsten Seite zeigt. Stühle mit rotem Samtbezug, weiße Deckenbögen, Spiegelwände und Gemälde erinnern an eine der Blütezeiten Neapels. Ein schick uniformierter Kellner begleitet die Gäste stilvoll zum Tisch, vorzugsweise an einem der Fenster. Von dort kann man prima das Getümmel auf der Piazza del Plebiscito beobachten und dabei entspannt bei einem nach Haselnuss schmeckenden Gourmet Caffè Nocciola in einen Tagtraum abgleiten. Zurück in der Gegenwart gibt es dann leider einen kleinen Wermutstropfen: die stolze Rechnung. Günstiger ist da der Weg zum Genuss vorne an der Bar. Doch der führt nicht in die Belle Époque – und das wäre doch schade!

- Gran Caffè Gambrinus, Via Chiaia 1 (P.zza Trieste e Trento), 80132 Neapel, Tel. +39 081 41 75 82, grancaffegambrinus.com
- ÖPNV: U-Bahn L1, Haltestelle Municipio oder Toledo, von dort 10 Minuten zu Fuß, Funicolare Centrale, Haltestelle Augusteo

Rein in die Zeitmaschine

11 Spurensuche im Parco archeologico di Pompei

„Hic habitat felicitas“ steht an der Wand eines Hauses in Pompeji: „Hier wohnt das Glück“. Tatsächlich war die gut erhaltene Ruinenstadt am Vesuv ein Glücksort der Antike. Prachtvolle Villen mit lauschigen Innenhöfen, großzügige Theater, Läden und Spa-Tempel zeugen vom Wohlstand ihrer einstigen Bewohner. Das Faszinierendste ist aber, dass in den mit Basalt gepflasterten Straßen sogar nach 2000 Jahren noch deren Geist zu spüren ist. Es fühlt sich beinahe so an, als hätten sie sich nur versteckt und kämen gleich hinter dem prächtigen Haus des Fauns oder einer Taverne zum Vorschein.

Wer in Pompeji unterwegs ist, fühlt sich wie in einer Zeitmaschine, mit der man plötzlich zurück ins Jahr 79 n. Chr. katapultiert wird. In eine eingefrorene Momentaufnahme kurz vor dem Ausbruch des Vesuvs, der die Stadt mitsamt ihrer Bevölkerung jäh unter Ascheregen und Schlammlawinen begrub. Stellt man sich die fast komplett erhaltene Römerstadt jedoch in ihrer Blütezeit vor, entsteht Inspiration pur. Der Streifzug durch ihre Straßenzüge, der Besuch ihrer freskenverzierten Häuser und der Blick auf den schlafenden Vesuv prägen sich für immer ins Gedächtnis ein. Schon viele Musiker und Schriftsteller wurden in der Ruinenstadt zu außergewöhnlichen Werken beflügelt. Man denke nur an das legendäre Konzert von Pink Floyd im Amphitheater oder an den Roman „Pompeji“ von Robert Harris, in dem er den antiken Zeitgeist wieder auferstehen lässt und der sich wunderbar zur Einstimmung auf diese unvergleichliche Zeitreise eignet.

So ist es nicht verwunderlich, dass die Ausgrabungen jedes Jahr von Millionen Gästen besucht werden. Ein Ausflug zu dieser faszinierenden Weltkulturstätte steht bei vielen Italienreisenden ganz oben auf der Liste der Einmal-im-Leben-Erlebnisse. Zudem liegt der weitläufige Archäologiepark nur eine halbe Stunde mit dem Zug von Neapel entfernt. Eine kurze Anreise, aber ein großer Schritt in die ferne Vergangenheit.

TIPP

Ebenfalls eindrucksvoll sind die ausgezeichnet erhaltenen Ausgrabungen im nahe gelegenen Ercolano.

- Parco archeologico di Pompei, Eingang Porta Marina, 80045 Pompeji, Tel. +39 081 8 57 53 47, www.pompeiisites.org
- ÖPNV: Circumvesuviana, Haltestelle Pompei Scavi – Villa dei Misteri

Aus Regen wird Champagner

12

Die Schirm-Manufaktur Mario Talarico dal 1860

Der Laden Mario Talarico ist eine echte Legende in Neapel. Schon seit über 160 Jahren stellt der Familienbetrieb mit handwerklichem Meistergeschick Qualitätsschirme her. Verkauft werden sie im kleinen Geschäft an der Via Toledo und in der charakteristischen Manufaktur um die Ecke. Etwas versteckt gelegen, erkennt man sie an einem überdimensionalen roten Horn vor dem Eingang, das Unglück fernhalten soll. Im Schaufenster ziehen Schirme jeden Typs die Blicke auf sich: bunt gemusterte Knirpse, klassische Stockschirme mit Burberry-Karo und ausgefallene Eyecatcher wie der Pizza-Margherita-Schirm. Drinnen wandern die Augen zuerst zu den aufgespannten Exemplaren mit Schwarz-Weiß-Porträts von Stars wie Stan & Laurel, Sofia Loren und Totò. Sie schaffen eine wohlige Retrosphäre in dem bis unter die Decke prall gefüllten Laden. Man sieht und spürt sofort, dass in allen Regen- und Sonnenbegleitern aufwendige Handarbeit und viel Leidenschaft stecken.

Ein Stück neapolitanische Geschichte verkörpern die antiken Werkzeuge gleich neben dem Eingang. Genau wie der sympathische Seniorchef Mario Talarico. Mit Herzlichkeit und Begeisterung erzählt er der Kundschaft unterhaltsame Anekdoten aus seinem langen Arbeitsleben. Viele internationale VIPs, Staatsoberhäupter und Prominente durfte er bereits beliefern, wie Fotos dokumentieren. Stolz berichtet der Maestro, dass die schönen Schirme auch als Requisiten gefragt sind. Zu sehen sind sie beispielsweise im neapolitanischen Kult-Theaterstück „Natale in Casa Cupiello“ oder dem Spielfilm „La Grande Bellezza“. Doch längst hat der über 90-Jährige das Geschäft seinem Neffen übertragen. Der heißt ebenfalls Mario und führt den Familienbetrieb fort. Traditionelle Schirme kreiert er ebenso wie solche mit einfallsreichen Designs und ausgefallenen Griffen. In Neapel regnet es nicht oft, aber ausgestattet mit einem dieser schönen Stücke freut man sich darauf. Lautet doch der Slogan des Geschäfts: „Mit Schirmen von Mario Talarico wird Regen zu Champagner.“

● Mario Talarico dal 1860, Via Toledo 329 (Shop) und Vico Due Porte a Toledo 4/B (Laboratorio), 80132 Neapel, Tel. +39 081 40 77 23, www.mariotalarico.it
● ÖPNV: U-Bahn L1, Station Toledo

Glückslieder aus Neapel

13

Konzerte und Tarantella bei Napulitanata

Neapolitanische Musik geht direkt ins Herz! Sofort bekommt man bei Liedern wie „Funiculì, funicolà" oder „O' sole mio" Lust zum Mitsummen. Melancholisch erzählen die *canzoni napoletane* von Sehnsucht, Liebe und Heimweh. Ihre wunderschönen Melodien sind wie Balsam für die Seele.

Seit einigen Jahren gibt es endlich einen Ort in Neapel, der sich ausschließlich den traditionellen neapolitanischen Liedern und der Tarantella, einem süditalienischen Volkstanz, widmet: Napulitanata. In einem Konzertlokal unter den Arkaden der Galleria Principe di Napoli veranstaltet der junge Kulturverein authentische Musikabende. „Torna a Surriento", „Anema e Core", aber auch viele unbekannte Stücke gehören zum Repertoire der talentierten Band. Romantische Lieder aus dem 19. und 20. Jahrhundert wechseln sich ab mit theatralischen, temporeiche mit langsamen. Der Gesang in melodischem Neapolitanisch wird gefühlvoll untermalt von wunderbarer Klaviermusik und Instrumenten wie Akkordeon, Trompete oder Mandoline. Gesungen wird bei Napulitanata ohne Mikrofon, dafür aus tiefster Seele und mit Leidenschaft. Durch die überschaubare Größe des Saals genießt man die kraftvolle Musik hautnah, gemütlich bei einem Glas Wein und Knabbereien. Dabei gelingt es der gastfreundlichen Band trotz sprachlichen Barrieren mühelos, ihr Publikum miteinzubeziehen. Ein Höhepunkt ist es, wenn alle gemeinsam aus vollem Herzen „O' sole mio" anstimmen. Selbst wer sonst nur heimlich unter der Dusche trällert, singt oder summt hier begeistert mit. Das Lied ist so berühmt, dass es 1920 bei den Olympischen Spielen sogar anstelle der italienischen Nationalhymne gespielt wurde. Es gehört zu einem immensen musikalischen Erbe, das Teil der Identität dieser Stadt ist. Bei Napulitanata erlebt man dieses Kulturerbe fernab von Klischees und Mainstream. Deshalb besuchen auch Einheimische immer wieder gerne die Konzerte und Tanzdarbietungen. Eintrittskarten sollte man lieber nicht zu kurzfristig reservieren, sie sind schnell ausverkauft.

TIPP

Nebenan im Veggie-Restaurant Vitto Pitagorico gibt es leckere vegane Pizza.

● Napulitanata, Piazza Museo Nazionale 10/11 (Galleria Principe di Napoli), 80135 Neapel, Tel. +39 081 34 89 98 38 71, www.napulitanata.com
● ÖPNV: U-Bahn L1, Haltestelle Museo

Wo ist Lila?

14 Auf den Spuren von Elena Ferrante

Mit der neapolitanischen Saga „Meine geniale Freundin“ hat Elena Ferrante einen regelrechten Hype ausgelöst. Der Weltbestseller erzählt die bewegende Geschichte der lebenslangen Freundschaft zwischen Lenù und Lila, die an facettenreichen Schauplätzen in Neapel spielt. Nach der Lektüre ist es ein bisschen, als ob man die Stadt schon kennen würde. Aber wie sehen die Romanorte wirklich aus, wie sind ihre Farben? Bei einem Spaziergang, vorzugsweise mit der besten Freundin, kann man das herausfinden. Dabei entsteht ein Glücksort im Herzen, den man beim Lesen immer wieder besuchen kann.
Ihre Kindheit verbringen Lenù und Lila in den 1950ern im Rione Luzzatti. Nirgends wird dieser Name im Roman erwähnt, doch Kenner haben das unspektakuläre Viertel hinter dem Bahnhof längst ausgemacht. Von dort entdeckten die jungen Frauen das Zentrum, wo wir unsere Tour mit einem Bummel am Corso Umberto I beginnen. In einem der Läden auf der als Rettifilo bekannten Straße kaufte Lila ihr Hochzeitskleid. Und Lenù? Sie liebte es, in den Ständen an der Port'Alba nach Büchern zu stöbern. Mit der Metrò kommt man hin und kann sich von der pittoresken Altstadtgasse inspirieren lassen. Sie sieht noch genauso aus wie früher und beflügelt die Fantasie zu einer Reise in die Romanwelt. Gemeinsam mit Lila und Lenù geht es weiter über den langen Toledo zur eleganten Via Chiaia und Via Filangieri. Wie müssen sich die beiden Frauen aus dem Arbeiterviertel hier gefühlt haben? An der noblen Piazza dei Martiri ist man beinahe versucht, zwischen den Luxus-Boutiquen den Schuhladen der üblen Solara-Brüder aufzuspüren. Und dann – endlich das Meer! Zum ersten Mal erblickt es die kleine Lenù an der nahen Via Caracciolo. Ist geteiltes Glück auch doppeltes Glück, wenn man es mit einer Romanheldin teilt? Vom Lungomare sieht man ebenfalls die Via Orazio am Posillipo-Hügel, wo Lila und Stefano Hochzeit feierten. Fährt man mit dem Bus hinauf, genießt man denselben Vesuvblick wie sie. Ein wahrer Glücksmoment!

TIPP

Wer weniger laufen möchte, fährt von Port'Alba (Haltestelle Dante) mit der U-Bahn bis zur Station Toledo.

● Corso Umberto I (L1, Duomo oder Università) – Port'Alba (L1, Dante) – zu Fuß über Via Toledo zur Via Chiaia/Via Filangieri – Piazza dei Martiri – Via Caracciolo. Posillipo (Bus 140)

Inselidylle in der Stadt

15 Verzaubert vom Borgo Marinari

„When the moon hits your eye like a big pizza pie, that's amore ..." singt Dean Martin in seinem Klassiker über das alte Neapel. Ob er dabei an den Borgo Marinari gedacht hat?

Romantisch liegt das einstige Fischerdorf auf dem Inselchen Megaride, eingerahmt vom Castel dell'Ovo und dem Jachthafen Santa Lucia. Sobald man die gemauerte Brücke überquert und runter zur Piazzetta Marinari schlendert, wird es stimmungsvoll. Nach Sonnenuntergang erwacht auf dem malerischen Platz das Nachtleben, bunte Tischlämpchen werden angeschaltet und überall ist Musik zu hören. Ein Barkeeper mixt Cocktails vor einer soften Jazz-Kulisse, während der Kellner in der Trattoria nebenan gegrillten Fisch zu den Klängen eines neapolitanischen Lieds serviert. Über allem wacht aufmerksam die Madonnina del mare, gleich neben dem maritimen Restaurant Officina del mare.

Ein überraschend gemütliches Dorfgefühl kommt auf diesem idyllischen Platz auf. Tatsächlich wohnen ja auch nur noch wenige Menschen im Borgo Marinari, der Ende des 19. Jahrhunderts für Fischerfamilien gegründet wurde. Seine überschaubare Gegend besteht nur aus einer Handvoll Häusern, die heute vor allem Lokale und Unterkünfte beherbergen. Es ist etwas Besonderes, dort zu übernachten – abseits und doch mitten in der Stadt, umgeben vom Meer. Tagsüber verwöhnt der Borgo Marinari mit einem grandiosen Blick: Von der Brücke sieht man die Doppelberge des Vesuvs, auf der anderen Seite erstreckt sich der liebliche Hügel von Posillipo. Ist man mit Ortskundigen unterwegs, erfährt man, warum die Einheimischen auch *partenopei* genannt werden. Denn natürlich wäre es nicht Neapel, wenn sich um diesen magischen Ort keine Legende ranken würde. Die hier ist sehr bekannt: Am Ufer der Insel Megaride soll vor der Gründung von Neapolis die Sirene Parthenope angespült worden sein – nachdem sie Odysseus erfolglos bezirzt und sich daraufhin ins Meer gestürzt hatte. Genau dort wurde die erste Siedlung der Stadt gegründet: Parthenope!

● Borgo Marinari, 80132 Neapel

● ÖPNV: Bus 128, 140, Haltestelle Santa Lucia, U-Bahn L1, Haltestelle Municipio, von dort 15 Minuten zu Fuß

Essen wie bei Mamma

16 Traditionsküche in der Cantina del Gallo

Ein authentisches Erlebnis ohne Wenn und Aber! Abseits der Touristenpfade empfängt die Cantina del Gallo ihre Gäste mit typisch neapolitanischer Küche. Etwas versteckt liegt die kulinarische Perle zwischen den Vierteln Sanità und Le Fontanelle, wo sie schon seit Generationen von der herzlichen Familie Silvestri betrieben wird. Bei der vorrangig einheimischen Kundschaft ist das gemütliche Lokal höchst beliebt. Das liegt sicher daran, dass hier nicht nur ausgezeichnet gekocht, sondern auch viel gelacht und gesungen wird. Umgeben von so viel ansteckender Heiterkeit ist das Essen ein großes Vergnügen. Die Cantina del Gallo hat sich vor allem der bodenständigen Küche verschrieben, die man sonst nur noch bei Mamma oder in einigen familiengeführten Lokalen findet. Zu den Spezialitäten des Hauses gehören *Pennette alla Sorrentina* (Pasta mit Tomaten und Mozzarella), der traditionelle Nudel-Kichererbsen-Eintopf *Pasta e ceci* sowie Stockfisch aus dem Ofen. Äußerst begehrt sind die *pizzicotti*, gefüllte Teigtaschen, besonders lecker mit Auberginen und Provola-Käse. Klassische neapolitanische Pizza gibt es ebenfalls und sie ist genau so, wie sie sein sollte: locker und leicht mit hohem Rand. Buonissimo!
Die unverfälschte Atmosphäre der Trattoria zieht auch Kunstschaffende und Prominente an. Fotos an der Wand neben dem Bild von San Vincenzo, dem Schutzpatron des Rione Sanità, dokumentieren das eindrucksvoll. Stolz zeigt der freundliche Gastwirt Rosario auf die Aufnahme des mittlerweile verstorbenen Popstars Pino Daniele. Pinotto, wie er ihn nennt, hat sich hier früher mit seiner Band zum Essen getroffen.
Bis zurück ins Jahr 1898 reicht die Geschichte des Gasthauses, damals hieß es noch Vini e Oli. Später folgten die Gastwirtinnen Donna Rita Nasti und Zi Cuncetta ihrer Intuition und verwandelten es in eine Osteria. Ihre Erben haben die köstlichen Rezepte von einst erhalten. Zum Glück für die Gäste!

● Cantina del Gallo, Via Alessandro Telesino 21, 80136 Neapel, Tel. +39 081 5 44 15 21
www.cantinadelgallo.com
● ÖPNV: U-Bahn L1, Haltestelle Materdei

dal Gallo
Da Minigone
1820 a Mariano
Zia Concetta 2000
Rosalia Rosario
ESTINTORE
N°

Marktbummel in der Antike

17 Abtauchen in La Neapolis Sotterrata

Kunsthandwerksläden und Feinkostgeschäfte machen die Altstadt von Neapel zu einem reizvollen Einkaufsviertel – und zwar schon viel länger, als man sich vorstellen kann! Bereits die Bewohnerinnen des antiken Neapolis gingen in der Gegend der heutigen Piazza San Gaetano shoppen, wo damals das Forum der Stadt war. Dazu gehörte natürlich auch ein *macellum,* ein römischer Markt mit allem Drum und Dran. Zehn Meter tief unter der Erde wurde er ausgegraben und liegt unter dem Boden der wundervollen Basilika San Lorenzo Maggiore. Sie ist eine der schönsten Kirchen Neapels und gehört ebenso wie der antike Markt und ein Museum zum faszinierenden *Complesso Monumentale San Lorenzo Maggiore.*

Obwohl man bei der Besichtigung der Ausgrabungen einen Zeitsprung von 2000 Jahren macht, wirkt alles irgendwie vertraut. Gleich nach dem Abstieg in den Untergrund findet man sich auf einem uralten Steinpflaster wieder. Seine Arkadengänge ähneln verblüffend der Bauweise der oberhalb liegenden „modernen" Altstadt. Am Rand befinden sich die teils begehbaren Reste mehrerer *tabernae,* so hießen die Läden im alten Rom. Spätestens beim Eintritt in die einstige Bäckerei entsteht lebendiges Kopfkino: Unvermittelt erscheinen vor dem geistigen Auge schicke Römerinnen mit langen Tuniken und hochgestecktem Haar. Vor dem erstaunlich gut erhaltenen Kuppelofen warten sie auf duftendes Brot, bevor sie in der benachbarten Wäscherei Stoffe für ihre Gewänder färben lassen. Überraschend, wie die gemauerten Stände im Markt am Ende der „Fußgängerzone" den Auslagen des heutigen Fischmarkts Porta Nolana ähneln! Fehlt nur noch, dass irgendwo ein Fischverkäufer auftaucht. Bei Live-Events mit kostümierten Darstellern kann das tatsächlich geschehen.

In den Ausgrabungen zeigt sich eindrucksvoll das mehrschichtige Fundament, auf dem Neapel steht. Das Forum lag nämlich dort, wo sich in der griechischen Zeit die Agora befand. Es lässt sich nur erahnen, wie viele Schätze sich noch in Neapels Untergrund verbergen.

- La Neapolis Sotterrata, Piazza San Gaetano 316, 80138 Neapel, Tel. +39 081 2 11 08 60, www.laneapolissotterrata.it
- ÖPNV: U-Bahn L1, Haltestelle Dante oder Duomo, von dort 10 Minuten zu Fuß

Salon des Lichts

18

Der Prachtbau Galleria Umberto I

In nur drei Jahren erbaut! Kaum vorstellbar, wenn man sich die vollkommene Architektur der Galleria Umberto I anschaut. Über der lichtdurchfluteten Einkaufsgalerie im Liberty-Stil wölbt sich ein Dach aus Eisen und Glas. Ihr prunkvoller Haupteingang gegenüber dem berühmten Opernhaus Teatro San Carlo wird von kunstvollen Stuckbögen umrahmt. Wer schon mal in Mailand war, wird sich wahrscheinlich ein bisschen an die dortige Galleria Vittorio Emanuele II erinnert fühlen. Unter der hohen Kuppel erstrecken sich elegante Boutiquen und nette Cafés, die bei jedem Wetter zum Genuss eines Espresso unter „freiem Glashimmel" verführen. Am meisten Spaß macht es aber, gemächlich durch die historische Passage zu schlendern und ihre raffinierten Details zu entdecken. So wie das fein gearbeitete Fußbodenmosaik im Zentrum des sternförmigen Bauwerks. Es zeigt die Rosa dei Venti, umgeben von den zwölf Zeichen des Tierkreises. Fantasievoll sind sie mit Sagengestalten, grünen Olivenzweigen und Weinreben gestaltet. Richtet man den Blick hingegen nach oben zur aufwendigen Stuckverzierung und dreht sich dabei in alle Richtungen, fühlt man sich beinahe wie in einem Gemälde.

Es ist nicht erstaunlich, dass die interessanten Lichtverhältnisse die Einkaufsgalerie zu einer beliebten Kulisse für Fotoshootings machen. Aus einem faszinierenden Blickwinkel lässt sich der Prachtbau aber auch von außen ablichten – und zwar von den Quartieri Spagnoli gegenüber der Via Toledo. Seine elegante Glaskuppel zeigt sich dort im reizvollen Kontrast zur volkstümlichen Umgebung und scheint fast Teil einer anderen Stadt zu sein, einer Weltmetropole wie Paris etwa. Das mag daran liegen, dass die Galleria Umberto I zur selben Zeit wie der Eiffelturm errichtet wurde, nämlich zwischen 1887 und 1890. Als Teil eines Sanierungsprojekts zur Aufwertung des Stadtviertels wurde sie rasch zum Zentrum des *Napoli buona,* des vornehmen Neapels.

- Galleria Umberto I, Via San Carlo 15, 80132 Neapel
- ÖPNV: U-Bahn L1, Haltestelle Municipio oder Funicolare Centrale, Haltestelle Augusteo

SEPHORA
KE'KAFE

Una graffa, per favore!

19 Glückspause im Chalet Ciro

Gegenüber vom Jachthafen in Mergellina verwöhnt das Chalet Ciro seine Gäste mit Eis und Gebäck aus der eigenen Konditorei. Es schmeckt so lecker, dass die Leute dafür gerne bis auf die Straße anstehen. Alle Einheimischen kennen das namhafte Chalet, das schon seit 1952 ihren Ausflug an diese malerische Küste versüßt. Und sie lieben seine köstlichen *graffe!*

Die frittierten Teigstückchen sind eigentlich eine neapolitanische Karnevalsleckerei, ähnlich wie die deutschen Krapfen. Weil aber niemand den Rest des Jahres auf ihren Genuss verzichten möchte, gibt es sie in Neapel zum Glück das ganze Jahr über. Im Chalet Ciro wurde ihre Herstellung perfektioniert! Zum vollkommenen Geschmackserlebnis trägt bei, dass die fantasievoll geformten Teigringe bei Ciro erst nach der Bestellung frittiert und gezuckert werden. So kann man sie noch warm, weich und duftend verspeisen. Wer mag, erhält zur Krönung obendrauf noch eine süße Creme.

Eine ebenfalls unwiderstehliche Spezialität ist das *conograffa,* eine Variation des traditionellen Gebäcks. Es handelt sich dabei um ein zur Waffeltüte geformtes *graffa,* das mit leckerem Eis und Schlagsahne gefüllt wird. Zugegeben eine kleine Kalorienbombe, die aber jedes Gramm mehr auf den Hüften wert ist! Sowieso macht das der anschließende Spaziergang an der Promenade wieder wett. Vorher sollte man aber noch den cremigen Espresso kosten, der stilsicher in einer heißen Tasse serviert wird. Am besten im romantisch-eleganten Terrassencafé, vielleicht mit einem *vesuvietto,* einer Sfogliatella in Vesuvform, gefüllt mit Erdbeeren und Chantilly-Creme. Die Sitzplätze im Schatten ausladender Sonnenschirme, hoher Palmen und Bäume versprechen eine behagliche Pause. Als kostenlose Beilage sieht man von dort das Meer hinter der Uferstraße aufblitzen. Spätestens jetzt und genau hier löst das Chalet Ciro das auf seinem Logo gegebene Glücksversprechen ein: „I make you happy!“

- Chalet Ciro, Via Caracciolo (gegenüber Via Orazio), 80122 Neapel, Tel. +39 081 66 99 28, www.chaletciro1952.com
- ÖPNV: U-Bahn L2, Haltestelle Mergellina

Chalet Ciro
1952
Fritta
& Mangiata
AREA RISERVATA
RESERVED AREA
AREA RISERVATA

Zu Hause bei San Gennaro

20

Die Cattedrale di Santa Maria Assunta

„In einer anderen Stadt hätte diese fabelhafte Kathedrale bestimmt einen größeren Vorplatz, aber dafür wohnt hier unser San Gennaro!", meint ein Signore im Dom. Mit einem Blick auf dessen Statue erzählt er uns, dass er oft hierherkommt, um mit dem Stadtpatron zu sprechen. Er ist die zentrale Figur in dieser beeindruckenden Kirche, die unter den Einheimischen nur *Duomo di San Gennaro* genannt wird.

Nach dem Schreiten durch das Portal stellt sich zunächst Verwirrung ein. 100 Meter lang ist das opulent mit Büsten, Plastiken und Gemälden ausstaffierte Gotteshaus, in dem sich etliche Baustile vermischen. Ins linke Seitenschiff wurde die frühchristliche Basilika Santa Restituta integriert, die älteste Kirche der Stadt. Aber am kostbarsten ist die mystische Schatzkapelle des San Gennaro, ein Architekturjuwel mit glänzenden Silberfiguren. Ihr Wert ist für das neapolitanische Volk keinesfalls in Geld aufzuwiegen. Nach einer schweren Zeit mit Pest und Vesuvausbrüchen schloss es 1527 einen kuriosen Notarvertrag mit dem damals schon über 1200 Jahre verstorbenen San Gennaro ab. Darin erbat es von ihm den Schutz der Stadt vor Katastrophen und vereinbarte mit dem Heiligen, ihm im Gegenzug eine Schatzkapelle im Dom zu bauen. Dreimal im Jahr wird eine in der Kapelle verwahrte Ampulle mit seinem Blut vor Tausenden Gläubigen zur Schau gestellt, die alle nichts mehr als dessen Verflüssigung herbeisehnen. Geschieht das sogenannte Blutwunder, was keineswegs immer der Fall ist, steht der Stadt nach dem Volksglauben eine glückliche Zeit bevor.

TIPP

Nebenan im Museo del Tesoro di San Gennaro wird der spektakuläre Juwelenschatz des Heiligen gezeigt.

In der Kapelle ist fühlbar, dass der Heilige in den Herzen der Einheimischen einen besonderen Platz hat. Übrigens auch in denen jener, die nicht ans Blutwunder glauben. Wer die bewegende Zeremonie einmal miterleben möchte, sollte am 19. September kommen, dem Festtag des Schutzpatrons. Das Glück der applaudierenden Menschen, die nach der Verkündung des Blutwunders freudig „Viva San Gennaro" rufen, ist ansteckend.

● Cattedrale di Santa Maria Assunta, Via Duomo 147, 80138 Neapel
www.chiesadinapoli.it
● ÖPNV: U-Bahn L1, Haltestelle Duomo

Silber trifft Lava

21 Schmuckschätzchen im Face Shop

Via della musica wird die Via San Sebastiano von den Neapolitanern genannt, denn in der schattigen Altstadtallee gibt es Dutzende Musikgeschäfte. Dazwischen zieht das Schaufenster eines kleinen Schmuckgeschäfts die Aufmerksamkeit der Passanten auf sich. Staunend sehen sie sich die ausgefallenen schwarzen Steine an, die grazile Halsketten und Armbänder aus glänzendem Silber schmücken.

Bei chilliger Hintergrundmusik mit *Jazz Napoletano* lüftet der herzliche Besitzer Rajan Rizzo das überraschende Geheimnis ihrer Herkunft. Es handelt sich dabei um echte Lavasteine und die kommen – selbstverständlich – direkt vom Vesuv. Angefertigt werden sie von Kunsthandwerksbetrieben in den kleinen Orten an den Ausläufern des imposanten Vulkans. Um der ursprünglich grauen Lava ihr elegantes Schwarz zu verleihen, werden die Steine mit Öl behandelt. Rajan paart sie schließlich meisterhaft mit 925er-Silber und fertigt mit ihnen moderne Armreife, außergewöhnliche Kettenanhänger, Ringe und Ohrschmuck an. Jedes dieser Unikate strahlt die Wärme des Feuers und die kraftvolle Energie der Lava aus. Es ist, als ob man mit einem solchen Schmuckstück ein bisschen von der überschäumenden Energie dieser lebensfrohen Stadt direkt am Körper trägt.

Die raffinierte Silberkollektion mit Lavasteinen hat viel Aufmerksamkeit auf sich gezogen und ist teils auch im Museumsshop des nahe gelegenen Klosters von Santa Chiara zu bewundern. Doch im Face Shop gibt es noch mehr ausgefallenen Schmuck aus Silber mit handgearbeiteten Intarsien, mit Perlmutt oder bunten Natursteinen. Begehrte Mitbringsel sind Glücksbringer in modern reduziertem Design, wie das sogenannte *occhio di Santa Lucia,* Talisman der Fischer. Farbenfrohe Kleider und sorgfältig ausgewählte Accessoires finden sich obendrein. Warum also nicht mal das passende Kleid zur Halskette kaufen statt umgekehrt?

- Face Shop, Via San Sebastiano 29, 80134 Neapel, Tel. +39 081 19 17 25 97
www.faceshop.it
- ÖPNV: U-Bahn L1, Haltestelle Dante

925 Jewels
LAVA
925 Jewels
LAVA
925
925

Einfach anziehend!

22 Ein Besuch im Museo della Moda Napoli

„Mode ist vergänglich, Stil bleibt ewig.“ Wie zutreffend dieser Ausspruch von Coco Chanel ist, zeigt das Museo della Moda Napoli mit einer wunderschön in Szene gesetzten Sammlung historischer Kleidung. Sinnlich und farbenfroh führen die Meisterwerke der Textilkunst durch die Geschichte der Frauenmode ab dem 18. Jahrhundert – und natürlich steht die kampanische Schneidereitradition im Mittelpunkt! Beim Betrachten der spitzengesäumten Abendkleider würden viele Besucherinnen am liebsten kurz in eins hineinschlüpfen, um als *nobildonna* auf der Promenade von Neapel zu flanieren. Liebevoll arrangiert ist die Belle-Époque-Mode: An Regenschirmen schweben Kleider vom Himmel, unwillkürlich hält man nach Mary Poppins Ausschau. Die effektvolle Präsentation schickt die Fantasie auf Reisen. Ebenfalls entzückend ist das glamouröse Hochzeitskleid, welches vor einem schneeweißen Traualtar auf seinen großen Glücksmoment zu warten scheint. Neben Haute Couture und Prêt-à-porter gibt es auch elegante Accessoires wie Hüte, Samthandschuhe oder Taschen zu bestaunen. Sogar Knöpfe bekommen hier ihre verdiente Aufmerksamkeit: Effektvoll an Schnüren aufgereiht, hängen sie an Wänden und Decke.

Bleibend ist der Eindruck, wie sehr Mode gesellschaftliche Veränderungen spiegelt. Man kann sich gut in die Frauen früherer Jahrhunderte einfühlen, denen die geschnürten Taillen den Atem raubten. Und verbeugt sich anschließend tief vor den Kleidern von Coco Chanel, die in den 1920ern die Mode revolutionierte und – dem Himmel sei Dank – endlich Schluss mit Korsetts machte. Fröhlich gestimmt durch die bunten Outfits aus der Flower-Power-Aufbruchsära gehen die Gedanken zurück zu den mutigen Frauen der 1960er-Jahre, die im Minirock gegen überholte Rollenbilder protestierten. So gesehen beglückt das Museum nicht nur mit einer bezaubernden Reise durch die Modewelt, sondern auch mit einem Einblick in die sich ständig weiterentwickelnde Gleichstellungsgeschichte der Frau.

● Museo della Moda Napoli, Piazzetta Mondragone 18, 80132 Neapel, Tel. +39 081 4 97 61 04, www.museodellamodanapoli.com
● ÖPNV: Bus C16, Haltestelle P.tta Cariati, Bus E6, Haltestelle P.tta Mondragone, Funicolare Centrale, Haltestelle Corso V. Emanuele

LE MODE PASSANO LO STILE E' ETERNO
COCO CHANEL

Viva la Pizza!

23 Auf dem Food-Festival Napoli Pizza Village

Sie ist die ungekrönte Königin von Neapel: die Pizza! Hier wurde sie als einfacher Straßenimbiss geboren, bevor sie ihren Boom in der ganzen Welt erlebte. Nichts ist deshalb naheliegender, als dem berühmten Gericht in seiner Heimatstadt ein Fest der Superlative zu widmen: das Napoli Pizza Village an der wundervollen Promenade Caracciolo. In einem riesigen Festdorf zeigen dort Pizzabäcker aus den renommiertesten neapolitanischen Pizzerien der Welt ihr Können. Jedes Jahr im Juni machen sie über eine Million Foodies in dicht gedrängten Ständen mit leckerer Pizza glücklich. Es ist eine wahre Freude, ihnen bei der Arbeit zuzuschauen! Mit feuriger Leidenschaft kneten sie Hefeteig, schleudern ihn mit akrobatischem Geschick durch die Luft und belegen ihn mit aromatischen San-Marzano-Tomaten. Routiniert schieben sie die Pizza anschließend in den Holzofen, wo sie bei knapp 500 Grad nicht länger als zwei Minuten backt. Nur durch die kurze Backzeit bei großer Hitze bleibt der Teig luftig, der Belag frisch und es entsteht ein hoher Rand, der *cornicione*. Und weil die Arbeit der Pizzaioli nicht nur beeindruckend, sondern eine echte Kunst ist, wurde sie von der UNESCO im Jahr 2017 ins immaterielle Kulturerbe aufgenommen.
Die einmalige Gelegenheit, den besten Pizzabäckern der Welt über die Schulter zu schauen, gibt es beim Campionato Mondiale del Pizzaiuolo, das zeitgleich auf dem Festgelände stattfindet. In Kategorien wie *classica*, *fritta* oder *napoletana* wird dort um den Weltmeistertitel gekämpft. Wer beim Zuschauen Lust bekommt, sich selbst mal als Pizzaiola oder Pizzaiolo zu versuchen, kann das in einer Reihe von Workshops. Sie weihen spielerisch in die Geheimnisse einer authentischen Pizza napoletana ein. Nebenbei lernt man, wie das italienische Nationalgericht auch im heimischen Ofen perfekt gelingt. Doch Italiens größtes Volksfest ist nicht nur ein kulinarisches Event: Abends verwandelt sich die Promenade bei kostenlosen Livekonzerten in eine vor Lebenslust sprühende Partymeile!

- Napoli Pizza Village (im Juni), Lungomare Caracciolo, 80122 Neapel
www.pizzavillage.it
- ÖPNV: Bus 128, 140, Haltestelle Piazza Vittoria, U-Bahn L2, Haltestelle Amedeo, von dort 10 Minuten zu Fuß

PIZZA
VILLAGE

Oase in der Altstadt

24

Relaxen auf der Piazza Bellini

Die ersten Sonnenstrahlen, ein cremiger Cappuccino auf der Piazza Bellini und der Tag kann beginnen! Ein bisschen versteckt liegt der stimmungsvolle Platz am Rande der Altstadt, zwischen dem Archäologischen Museum und der Piazza Dante. Mit Palmen und Laubbäumen kommt er als grüne Stadtinsel daher, wie man sie im Zentrum Neapels sonst nur in Klosterhöfen findet. Umgeben von noblen Palazzi aus der Renaissance und Barockzeit laden schattige Bänke zu einer Ruhepause ein. Entspannt kann man dabei den Konzertproben der Studierenden des Musikkonservatoriums lauschen. Ebenso wie die Accademia delle belle arti ist es gleich um die Ecke, was den Platz zu einem beliebten Treffpunkt von Intellektuellen und Kunstschaffenden macht.
Nette Cafés mit charmanten Außenplätzen verleihen der Piazza ein gewisses Boheme-Flair, allen voran das Caffè Letterario Intra Moenia. Mit Musikabenden, Ausstellungen und eigenem Verlag engagiert es sich für die neapolitanische Kultur. Sein Name *Intra Moenia* (In den Mauern) deutet auf eine besondere Attraktion hin: die von einem Geländer umgebene Archäologiestätte gegenüber. Sie zeigt einige Reste der griechisch-römischen Stadtmauer aus etwa dem 4. Jahrhundert v. Chr., die einst durch das antike Neapolis verlief. Von den Plätzen draußen im Café hat man sie im Blick. Ebenso wie die Statue des italienischen Opernkomponisten Vincenzo Bellini, der zu den Antiquariaten an der Via Costantinopoli blickt. Beinahe scheint es, als wolle er von seinem Podest hinabsteigen, um sich ihre Auslagen mit alten Buchschätzen mal genauer anzuschauen.
Doch die Piazza Bellini ist nicht nur ein Ort der Beschaulichkeit: Am Abend verwandelt sie sich zum fröhlichen Hotspot des neapolitanischen Nachtlebens. Vor allem am Wochenende trifft man sich hier auf einen Aperitif und genießt das Leben bei Musik bis in die frühen Morgenstunden.

- Piazza Bellini, 80138 Neapel
- ÖPNV: U-Bahn L1, Haltestelle Dante

Caffè letterario

Dolcefarniente

25

Panorama-Show im Parco Virgiliano

Mit nur einem Blick die ganze Schönheit des Golfs von Neapel erfassen, das kann man vom Belvedere des Virgiliano-Parks. Fast scheint die Zeit für einen Moment stehen zu bleiben, wenn man von seinen Terrassen über das Meer blickt. Es eröffnet sich ein malerisches Panorama, vom Vesuv über die Küste von Sorrent bis zum Inselchen Nisida, auf den Golf von Pozzuoli bis zum Capo Miseno. Gekrönt wird die weite Rundumsicht von den sanften Silhouetten der Inseln Capri, Ischia und Procida.

Bis zum Sonnenuntergang gibt man sich dem süßen Nichtstun hin, immer umfangen von einer leichten Meeresbrise. Sanft geschwungene Wege führen unter alten Steineichen und Olivenbäumen hindurch, vorbei an dichtem Unterholz mit Myrte, duftendem Rosmarin und gelb blühendem Ginster. Und immer wieder zeigt sich dieses unvergleichliche Panorama, vor dem Jugendliche bei Musik chillen und Paare unter Bäumen picknicken. Kinder toben auf dem Spielplatz und freuen sich auf ihre Pizza, die unkompliziert in den Park an einen Kiosk geliefert wird. Ihre Eltern stellen Stühle und Tisch einfach dorthin, wo die Aussicht am schönsten ist. Wie in einem Open-Air-Theater erwarten dann alle das einzigartige Naturspektakel: wenn die rote Sonne im Meer versinkt, zwar nicht bei Capri – aber nicht weit entfernt hinter dem Monte di Procida. Und sehen den Möwen dabei zu, wie sie ruhig über dem türkis schimmernden Wasser schweben.

Über einer Steilwand aus gelbem Tuffstein thront der Parco Virgiliano an der Spitze des Posillipo-Hügels. Er verdankt seinen Namen griechischen Siedlern, die dort vor 2000 Jahren ihren Ort der Kraft fanden. Sie nannten ihn deshalb *Pausilypon,* was so viel wie „Pause von Sorgen" bedeutet. Genau an der reizvollsten Stelle, auf dem Capo Posillipo, schenkt der Stadtpark jedem eine besondere Auszeit, Urlaubsreisenden ebenso wie den neapolitanischen Familien aus dem 10 Kilometer entfernten Stadtzentrum.

TIPP

Unter dem Posillipo-Hügel führt der Tunnel Grotta di Seiano zum Archäologiepark Pausilypon.

- Parco Virgiliano, Viale Virgilio, 80123 Neapel
- ÖPNV: Bus 140, Haltestelle Discesa Coroglio-Istituto Denza, Bus C21, C31, Haltestelle Manzoni-Virgiliano, von dort 10 Minuten zu Fuß

Tunnel der Geschichten

26

Auf Entdeckungstour in der Galleria Borbonica

Rätselhafte Höhlen, Ausgrabungen und Tunnel. Immer wieder stößt man im Untergrund von Neapel auf neue Überraschungen. Eine der größten ist die Galleria Borbonica, ein unterirdischer Komplex mit einem Fluchttunnel vom Königspalast zum Meer. Dank des unermüdlichen Engagements vieler Ehrenamtlicher macht er die Stadtgeschichte lebendig wie kaum ein anderer Ort.

Zu den aufregendsten Fundstücken im Tunnel gehören Oldtimer aus den 1940er- bis 1960er-Jahren. Der rostige Vintage-Charme dieser alten und teils restaurierten Motorräder, Vespa-Roller und Autos übt eine enorme Faszination aus. Sie alle fanden hier ihren letzten Parkplatz, weil die Galleria zeitweise als Lager für beschlagnahmte Fahrzeuge genutzt wurde. Ihre ursprüngliche Bestimmung war allerdings eine völlig andere! Im Jahr 1853 ließ sie der Bourbonenkönig Ferdinand II. als geheimen Fluchtweg und Soldatenzugang zum Palazzo Reale erbauen. Natürlich konnte er damals nicht ahnen, welch unschätzbaren Wert der unterirdische Gang Jahrzehnte später für die Menschen in Neapel bekommen sollte. Im Zweiten Weltkrieg suchten sie dort zu Tausenden Schutz vor den Bomben. Könnten die Wände sprechen, würden sie bewegende Geschichten preisgeben. Erfreulicherweise sind dank Zeitzeugenberichten wertvolle Erinnerungen erhalten geblieben. Bei der Tour durch die wirkungsvoll beleuchteten Gänge erzählen die Guides sie mit großer Leidenschaft, was uns viele nachhaltige Aha-Erlebnisse und nachdenkliche Momente beschert.

Aber der unterirdische Komplex ist auch ein Ort für außergewöhnliche Erfahrungen und Nervenkitzel. Zur Galleria Borbonica gehören nämlich ebenfalls enorme Zisternen aus dem 15. Jahrhundert und geheimnisvolle Höhlen. Wem der Sinn nach Abenteuern steht, kann sie bei thematischen Touren ausgiebig mit Helm und Stirnlampe erforschen. Zu den spannendsten Erlebnissen gehört die Fahrt mit dem Floß in einem überfluteten Nachbartunnel. Sie ist eine der vielen Attraktionen, welche die Galleria Borbonica für ihre Gäste bereithält.

● Galleria Borbonica, mehrere Eingänge, z. B. Vico del Grottone 4 (bei Piazza del Plebiscito), 80132 Neapel, Tel. +39 081 7 64 58 08, www.galleriaborbonica.com
● ÖPNV: U-Bahn L1, Haltestelle Municipio, von dort 10 Minuten zu Fuß

Poesie, Musik und Drinks

27 Wein- und Cocktail-Bar in der Libreria Berisio

Umgeben von unzähligen Büchern den Klängen einer Jazz-Band lauschen und dabei einen Cocktail schlürfen: Das kann man in der Buchhandlung Berisio – und zwar von abends bis spät in die Nacht. Nach Einbruch der Dunkelheit verwandelt sich das Buchantiquariat in der Altstadt zu einem Treffpunkt von Nachteulen und Musikbegeisterten. Ein bisschen erinnert die Retro-Einrichtung mit bis unter die Decke gefüllten Regalen und Sesseln an den Stil der Lokale im Pariser Quartier Latin. Behaglich lässt sich der Abend auf dem kleinen Sofa genießen, bei sanfter Musikuntermalung und warm gedämpftem rotem Licht. Ein besonderes Erlebnis sind die regelmäßig zwischen den bunt gewürfelten Bücherstapeln stattfindenden Livekonzerte, auch Swing und Bosanova sind dabei. Hin und wieder stehen auch Lesungen und Literaturpräsentationen auf dem Programm.

Obwohl die Idee einer Bücher-Bar frisch und modern daherkommt, handelt es sich doch um ein alteingesessenes Geschäft. Schon seit den 1950er-Jahren gibt es Berisio in der Via Port'Alba, einer charakteristischen Gasse voller Buchhändler. Für Bibliophile sind ihre Stände mit antiken und aktuellen Werken eine wahre Fundgrube. Gleich um die Ecke hinter dem antiken Stadttor Port'Alba liegt die Piazza Bellini, ein beliebter Treffpunkt von Intellektuellen. Umgeben von diesem inspirierenden Ambiente wollte der Inhaber Fabio Berisio etwas Neuartiges ausprobieren. In Zeiten von E-Books und Online-Handel kam dem Musikliebhaber die Idee, seinen Buchladen abends in eine coole Wein- und Cocktail-Bar zu verwandeln. Das ausgefallene Konzept stößt seitdem bei einem bunt gemischten Publikum auf Gefallen. Zum Erfolg tragen sicher auch die erstklassigen Bands und Drinks bei. Von internationalen Fassbieren, ausgesuchten Weinen bis zu spritzigen Cocktails findet sich alles auf der Karte, was den Gaumen erfreut. Lässiger und entspannter kann man kaum ins Nachtleben von Neapel eintauchen.

TIPP

Am Stand der Antica Pizzeria Port'Alba in der Via Port'Alba 18 gibt es leckere Pizza auf die Hand.

● Libreria Berisio, Via Port'Alba 28–29, 80134 Neapel, Tel. +39 081 5 49 90 90
● ÖPNV: U-Bahn L1, Haltestelle Dante

20
VALPOLICELLA
NEGROAMARO
NERO D'AVOLA
PRIMITIVO
6

Zum Nasereiben

28 Die Büste von Pulcinella in der Altstadt

Es scheint fast, als gehöre die bronzene Pulcinella-Büste schon immer zur Altstadt von Neapel. Doch erst seit 2012 lächelt sie von ihrem Podest in der malerischen Gasse Vico del Fico al Purgatorio schelmisch die Passanten an. „Komm und reib meine Nase – das bringt Glück!", scheint sie ihnen zuzurufen. An ihrem glänzenden Prachtstück ist leicht zu erkennen, wie viele dieser Aufforderung bereits gefolgt sind. Die meisten Fußgänger ergreifen mit Freude ihre Chance auf Glück – oder besser gesagt: die Nase von Pulcinella. In Neapel weiß man jedoch, dass die Theaterfigur aus der *Commedia dell'arte* ihr Publikum nur allzu gerne auf den Arm nimmt. Schließlich kennen hier alle den Scherzkeks hinter der schwarzen Halbmaske.

Als die Bronzeskulptur des Künstlers Lello Esposito aufgestellt wurde, ahnte wohl kaum jemand, dass ihre Nase bald glänzen würde. Oder vielleicht doch? Schließlich hat es in Italien vielerorts Tradition, eine Statue zu berühren, für Liebesglück oder Geldsegen. Man denke nur an die Julia-Statue in Verona, die sich angeblich um Liebesangelegenheiten kümmert. Oder an das auf Wohlstand spezialisierte porcellino in Florenz.

Doch zurück zu Pulcinella: Wer ist eigentlich der Kerl, der sich da hinter der Maske versteckt? Was er im Übrigen nicht bräuchte, denn für seinen Jahrgang (17. Jahrhundert) hat er sich gut gehalten. Das mag daran liegen, dass er tanzend durchs Leben geht und das neapolitanische Essen liebt! Ja, er ist so gefräßig, dass er die Spaghetti sogar mit den Händen verschlingt. Und er quatscht gerne, auf Neapolitanisch versteht sich. Dabei gestikuliert er so ausschweifend, dass ihn trotzdem alle verstehen. Mit diesem Temperament fällt ihm vermutlich das Leben als reglose Büste nicht leicht. Doch irgendwie hat der listige Bursche Wege gefunden, an mehreren Orten gleichzeitig zu sein. Man trifft ihn in der Altstadt als Mandolinenspieler, im Theater als Tarantella-Tänzer und sogar als Krippenfigur. An Pulcinella kommt in Neapel niemand vorbei!

- Busto di Pulcinella, Vico del Fico Al Purgatorio (Kreuzung Via Tribunali), 80138 Napoli
- ÖPNV: U-Bahn L1, Haltestelle Dante oder Duomo, von dort 10 Minuten zu Fuß

TRENS
PULCINELLA

Natur voller Legenden

29

Ausflug zum Lago d'Averno bei Pozzuoli

Wie merkwürdig, dass ausgerechnet der tiefblaue Averno-See in der Mythologie die Pforte zur Hölle darstellte. Träumt er doch still im Krater eines längst erloschenen Vulkans vor sich hin, eingebettet in fruchtbare Weinberge. Und als ob diese Kulisse noch nicht malerisch genug wäre, glitzert dahinter auch noch das Meer. Weit und breit deutet hier wirklich rein gar nichts auf den Eingang zum Reich der Schatten hin. Und dennoch rankten sich bis zum Mittelalter düstere Mythen um das Gewässer in den Phlegräischen Feldern. Mit dampfenden Fumarolen und heißen Quellen wird diese ursprüngliche Gegend schon seit Jahrtausenden von einer geheimnisvollen Aura umgeben.

Die meisten Reisenden kommen jedoch eher zufällig am Lago d'Averno vorbei. Sie stoppen nur kurz beim Belvedere an der Straße nach Cuma, um die fantastische Aussicht zu genießen. Mit etwas Muße finden sich auf dem schönen Rundweg am See jedoch die besten Voraussetzungen für eine Verschnaufpause. Am Wochenende trifft man hier viele Ausflügler aus Neapel, die zum Spazierengehen oder Radfahren kommen. Ein Badesee ist der Lago d'Averno allerdings nicht, aber ein wunderbares Naturparadies mit seltenen Vogelarten. Und das, obwohl der aus dem Griechischen stammende Name des Sees „ohne Vögel" bedeutet! Angeblich waren einst giftige Vulkandämpfe dafür verantwortlich, dass sie den See gemieden haben.

TIPP

Das Lokal Le Cantine dell'Averno am See kocht mit lokalen Zutaten und baut eigenen Wein an.

Die Umrundung des Sees ist ebenfalls ein anregender Ausflug in die Geschichte. Es war vor 2000 Jahren, als die Römer ihn mit dem benachbarten Lucrino-See und dem Meer verbinden ließen, um einen Hafen zu errichten. Am Weg erinnern Ruinen an diese Zeit, darunter die des Apollo-Tempels. Der war aber eigentlich gar kein Tempel, sondern Teil einer Thermenanlage. Anscheinend kannten die Menschen schon früh die wohltuende Wirkung dieser Gegend für Körper und Geist. Einen gebührenden Ausklang bekommt der Tag in einem der urigen Bauernhäuser bei einem Glas Falanghina, unter Weinreben versteht sich.

- Lago d'Averno, 80078 Pozzuoli
- ÖPNV: ab Neapel-Montesanto S-Bahn Cumana Richtung Torregaveta, Haltestelle Lucrino, von dort ca. 15 Minuten zu Fuß

Eiskalte Köstlichkeiten

30 Dahinschmelzen in der Gelateria Casa Infante

Praliné, Zuppa Inglese oder lieber ein Croccantino all'Amarena? Puh, vor der langen Theke der Gelateria Casa Infante fällt die Auswahl schwer. Mit über 40 leckeren Sorten sorgt sie an der Via Toledo für eiskalte Glücksmomente, im Sommer wie im Winter. Allein die farbenfrohen Verzierungen machen heiß aufs Eis. Auf dem Crostata di Fragolino verteilen sich rote Walderdbeeren und das apricotfarbene Cantalupo wird von saftigen Melonenstückchen geziert.

Beim Anblick dieser süßen Verführungen gehen die Sinne auf Reisen. Zu den Zitronenhainen in Sorrent, den Aprikosenbäumen am Vesuv und hinauf ins Piemont, wo die Kastanien und Haselnüsse herkommen. Die Beschreibungen klingen wie aus einer feinen Speisekarte. So wie die des delikaten „Benvenuti Al Sud – Creme aus sizilianischen Biomandeln mit Blutorangensoße, Pistaziensoße und gehackten Pistazien". Auch köstliche vegane Geschmacksrichtungen sind dabei und erfreuen den Gaumen. Das fantastisch cremige Eis kommt aus eigener Herstellung und kennt nur hochwertige natürliche Zutaten. Die meisten stammen aus der Umgebung, aber auch exotische wie Vanille aus Madagaskar sind darunter.

Geschmackvoll ist ebenfalls das Ambiente mit hohen Regalen, das einem Laden aus dem frühen 19. Jahrhundert nachempfunden ist. An den Wänden hängen großflächige Schwarz-Weiß-Poster mit lächelnden Menschen, die genüsslich ihr Eis verspeisen. Auf diesen finalen Glücksmoment warten hier alle Gäste, manchmal in einer Schlange bis draußen vor der Tür. Hat man sich für eine Sorte entschieden, wird sie von den freundlichen Verkäuferinnen großzügig in ein knuspriges Eishörnchen gespachtelt. Eine Geschmacksexplosion im Mund, die für einen langen Moment wunschlos glücklich macht! Und wer keine Lust auf Eis hat (gibt es das überhaupt?), bekommt draußen am nostalgischen Stand auch fabelhaftes neapolitanisches Gebäck aus eigener Herstellung.

- Casa Infante, Via Toledo 258, 80132 Neapel, Tel. +39 081 19 31 20 09
www.casainfante.it
- ÖPNV: U-Bahn L1, Haltestelle Toledo

ARTIGIANI
GELATO
Stracciatella

Ein Viertel im Aufschwung

31

Spaziergang durchs Rione Sanità

Wie ein eigener Kosmos dehnt sich das volkstümliche Sanità-Viertel am Fuße des Capodimonte-Hügels aus. Abseits bekannter touristischer Wege gibt es hier viel mehr zu erkunden, als in manchen Reiseführern verraten wird. Seine pulsierende Hauptader ist die Via Vergini, durch die sich unentwegt hupende Mopeds und Autos drängen. Auf ihrem Gehweg breitet sich der wuselige Mercato dei Vergini aus, wo von frischen Muscheln bis zu Spitzenunterwäsche alles angeboten wird. Vielerorts verköstigen herzliche Pizzerien und familiäre Trattorien ihre Gäste mit authentischer neapolitanischer Küche.

Auch wenn sich das Viertel nur langsam wandelt, hat sich im Straßenbild in den letzten Jahren einiges verändert. Immer wieder stößt man unterwegs auf Kunstwerke mit dem Konterfei des Schauspielers Totò (Principe Antonio de Curtis), dem das Viertel seinen Beinamen *Rione di Totò* verdankt. Viele Fassaden dienen als Leinwand für großflächige Street-Art und sind bunte Blickfänge. Wunderschön anzusehen ist auch die Treppe des barocken Palazzo dello Spagnuolo, der gerne von Kunstschaffenden fotografiert wird.

Es sind solche faszinierenden Impressionen, die manchmal vergessen lassen, dass die Sanità eines der ärmsten Viertel von Neapel ist. Kriminalität und Camorra-Fehden ließen Reisende lange Zeit einen Bogen um diese Gegend machen. Bis der Priester Don Antonio Loffredo mit der Gründung des Vereins La Paranza ein kleines Wunder bewirkte. Mit großem Erfolg schaffte er es, den arbeitslosen Jugendlichen eine Perspektive zu geben. Heute arbeiten sie daran mit, das reiche kulturelle Erbe ihres Viertels der Öffentlichkeit zugänglich zu machen. Dazu gehören nicht nur die bekannten Catacombe di San Gennaro, sondern auch die barocke Basilika Santa Maria della Sanità, ein Paradies für Malereibegeisterte. Bei der Tour *Il Miglio Sacro* erlebt man diese Kulturschätze mit La Paranza bestmöglich. Sie führt ebenfalls zum bizarren Cimitero delle Fontanelle, der als unterirdischer Friedhof zwar kein Glücksort ist, aber sicher in Erinnerung bleibt.

- Rione Sanità (Stadtteil Stella), 80136/80137 Neapel
- ÖPNV: U-Bahn L2, Haltestelle Cavour (zur Via Vergini), U-Bahn L1, Haltestelle Materdei (näher am Cimitero delle Fontanelle)

Krippenzauber im Kloster

32

Certosa e Museo di San Martino

Eine ganze Palette von Glücksorten hat das ehemalige Kartäuserkloster San Martino vorzuweisen. Auf dem Vomero-Hügel liegt es direkt unterhalb der Burg Sant'Elmo und ist weithin sichtbar. Sein lauschiger Terrassengarten mit fantastischem Blick über das Meer bis zum Vesuv ist einfach herrlich, ebenso wie die prächtig ausstaffierte Kirche. In den einstigen Klosterräumen erzählt ein Museum die bewegte Geschichte von Neapel.

Unser Lieblingsort versteckt sich in den früheren Räumen der Klosterküche, wo eine neapolitanische Krippensammlung ihren festen Platz hat. Es ist die Bank vor dem fantasievollen *presepe Cuciniello,* eine der schönsten Krippen Italiens. Oder sollte man besser sagen eine Krippenlandschaft? Um die 800 handgearbeitete Figuren und Accessoires präsentieren sich in einer Felsgrotte, die liebevoll arrangiert wurde. Beim gedankenverlorenen Betrachten dieser Miniaturwelt wird man förmlich in sie hineingesogen. Man muss das Gesamtkunstwerk eine Weile auf sich wirken lassen, bis man seine entzückenden Details und die wirklichkeitsnahen Gesichtszüge ihrer Bewohner wahrnimmt. Nach einer Weile zeigen sich kartenspielende Männer, Hund und Katze in Freundschaft vereint und eine Mutter, die ihr Baby im Arm wiegt. Alles wirkt so lebendig! Führen die Figuren vielleicht ein geheimes Dasein und erwachen abends zum Leben, so wie im Film „Nachts im Museum"? Hat die Signora auf dem Balkon nicht eben noch in die andere Richtung geschaut und schwebte der obere Engel vor wenigen Momenten nicht ein bisschen tiefer über dem Berg? Verstärkt wird die realistische Wirkung des *Cuciniello* durch ein raffiniertes Beleuchtungssystem, das den Wechsel der Tageszeiten simuliert – vom Sonnenaufgang, Tag und Dämmerung bis zur Nacht.

Schon seit 1879 hat die berühmte Krippe ihren Platz im Museum. Benannt ist sie nach dem neapolitanischen Künstler Michele Cuciniello: Er schenkte dem Museo di San Martino seine bezaubernde Figurensammlung und hat die ideenreiche Szenografie selbst arrangiert.

TIPP

Im Museum zeigt das Gemälde „Tavola Strozzi" aus dem 15. Jahrhundert die erste Ansicht von Neapel.

- Certosa e Museo di San Martino, Largo S. Martino 5, 80129 Neapel, Tel. +39 081 2 29 45 03
- ÖPNV: Bus V1, Haltestelle P.le S. Martino, U-Bahn L1, Haltestelle Vanvitelli oder mehrere Funicolari, von dort 5 bis 15 Minuten zu Fuß

Duftendes Capri-Glück

33 Die Parfümerie Carthusia in der Altstadt

Düfte können uns ein Lächeln ins Gesicht zaubern und längst vergessene Erinnerungen wecken: an eine prickelnde Romanze, eine salzige Meeresbrise oder sonnige Urlaubstage. Wie solche auf Capri, wo die Parfüm-Manufaktur Carthusia schon seit Generationen betörende Parfüms herstellt. Ihre Düfte nach wilden Blumen und Zitrusblüten sind eine Hommage an die exklusive Insel im Golf von Neapel.

Vor einigen Jahren hat Carthusia einen Laden in Neapel an der Piazza San Lorenzo Maggiore eröffnet. Mitten in der Altstadt lädt er zu einer Schnupperreise auf die Insel des Dolce Vita ein, zu ihrer eindrucksvollen Natur mit wohlriechenden Gärten, umgeben vom tiefblauen Meer. Allein die klingenden Namen der Parfüms und Raumdüfte wecken Sehnsucht nach mediterraner Leichtigkeit. Man kommt einfach nicht umhin, sich die eine oder andere Duftprobe aufzusprühen. So wie das *Aria di Capri,* ein Parfüm aus Mimosen, Iris, Orangen- und Zitronenessenzen und einer süßen Pfirsichnote. Oder das frische Eau de Parfum *Capri Forget me not,* in dem der Duft von wilden Feigen in Vanille dahinschmelzt.

Capri vergessen? Unmöglich! Wer die wunderbare Insel noch nicht kennt, bekommt spätestens beim Besuch der Parfümerie Lust auf einen Ausflug. Warum auch nicht? Nur eine kurze Überfahrt mit der Fähre und schon ist man dort. Im Ort Capri gibt es die einmalige Gelegenheit, der Carthusia-Manufaktur in der Viale Matteotti einen Besuch abzustatten und die Parfümherstellung hautnah mitzuerleben.

Um die Entstehung der Firma rankt sich eine Legende, die zurück ins Mittelalter führt. Sie erzählt, dass der Prior des Klosters S. Giacomo für die Königin von Neapel einen Blumenstrauß arrangierte. Der Duft des Vasenwassers soll die Inspiration für das erste Parfüm der Insel gewesen sein. Jahrhundertelang glaubte man seine Rezeptur verloren, bis sie 1948 wieder auftauchte. Bald darauf wurde im Kloster ein Labor mit dem Namen Carthusia eingerichtet (von *certosa* – „Kloster"), die Geburtsstunde der Capri-Düfte.

- Carthusia Store San Domenico Maggiore, P.za S. Domenico Maggiore 16, 80134 Neapel, Tel. +39 081 5 52 01 08, www.carthusia.it
- ÖPNV: U-Bahn L1, Haltestelle Dante oder Duomo, von dort 10 Minuten zu Fuß

Carthusia
I Profumi di Capri
Carthusia
I PROFUMI DI CAPRI

Una pizza buonissima!

34 Die Pizzeria Laezza in den Quartieri Spagnoli

„Wo gibt es in Neapel die beste Pizza?“ Eine unter Einheimischen lebhaft diskutierte und fast mythische Frage, auf die man garantiert von jedem eine andere Antwort bekommt. „Geht zu Laezza!“, empfiehlt uns eine Freundin aus den Quartieri Spagnoli. „Die Pizza ist dort so leicht, dass sie auf der Zunge zergeht. Einfach supergut!“ Neugierig geworden von dieser begeisterten Beschreibung machen wir uns auf den Weg in die Quartieri. Zwischen knatternden Mopeds und fast die ganze Gassenbreite einnehmenden Autos bahnen wir uns den Weg durch die Via Speranzella.

„Da vorne, das muss sie sein!“, ruft unser Begleiter Andrea und deutet auf eine schmale Holzterrasse. An der Ecke der Hausfassade ist ein gerahmtes Bild von Diego Maradona zu sehen, der Eingang der Pizzeria wird von einer hübschen neapolitanischen Krippe geziert. Gut besucht ist das familiäre Lokal, aber die nette Bedienung findet noch einen Tisch für uns auf der Terrasse, die direkt an der charakteristischen Gasse liegt. „Du setzt dich als Kunde und du gehst als Freund“ steht auf der umfangreichen Speisekarte.

Um uns herum geht es lebhaft und gesellig zu, die sympathischen Inhaber Freddy und Marco scherzen mit den Gästen. Nach kurzer Wartezeit serviert uns der Kellner die duftenden Pizzas: eine *Ortolana* mit Zucchini, Auberginen, Paprika, Pilzen und Mozzarella, eine klassische Margherita und eine *Filetto* mit frischen Tomaten und Basilikum, alle ziemlich groß. Fasziniert blicken wir auf unsere Teller, führen den ersten Bissen in den Mund und schauen uns schweigend an. Ein Glücksmoment des puren Genusses. Die Pizzas sind riesengroß, doch der Teig ist so bekömmlich und leicht, dass man einfach nicht genug davon bekommen kann. Jetzt verstehen wir die leuchtenden Augen unserer Tipp-Geberin und sind mindestens ebenso begeistert wie sie. Schade nur, dass wir nicht noch andere Sorten probieren konnten. Nächstes Mal bestimmt!

TIPP

Eine Spezialität ist die Pizza „Cappello di Totò“, deren knuspriger Rand mit cremigem Ricotta gefüllt ist.

● Pizzeria Laezza, Via Speranzella 125, 80132 Neapel, Tel. +39 081 19 32 27 48
● ÖPNV: U-Bahn L1, Station Toledo

PIZZERIA

Neapel kompakt

35 Am Puls der Stadt in Spaccanapoli

Vom Castel Sant'Elmo auf dem Vomero-Hügel ist es deutlich zu sehen: Die Altstadt von Neapel wird von einem langen Straßenzug in zwei Hälften geteilt. *Spaccanapoli* heißt diese legendäre Trasse im Volksmund, „spalte Neapel". Das geballte Neapel zeigt sich in dieser Abfolge von schmalen Gassen, wo sich auf engstem Raum kleine Kirchen mit Glockentürmchen, Kunsthandwerksläden und bekannte Pizzerien aneinanderreihen. Auf keine andere Art erlebt man die Essenz dieser pulsierenden Stadt intensiver als beim Streifzug über ihr antikes Pflaster. Selbstvergessen taucht man mit jedem Schritt tiefer ein in ein kunterbuntes Meer aus Wohlgerüchen, Klängen und Bildern. An jeder Straßenecke duftet es nach Pizza und frittiertem Streetfood, in den Bars zischen Espressomaschinen und die von hübsch verpackter Pasta gerahmten Eingänge mancher Feinkostgeschäfte sehen aus wie gemalt. Immer wieder erhascht man unterwegs Blicke in zauberhafte Innenhöfe und hört Nachbarinnen zwischen Balkonen miteinander ein Schwätzchen halten, so wie es immer schon war. Ihren Anfang nimmt die Trasse in den Quartieri Spagnoli, wo die Via Pasquale Scura den folkloristischen Mercato di Pignasecca kreuzt. Mitten ins touristische Getümmel geht es neben der Piazza del Gesù gleich nach dem Kloster von Santa Chiara. Sein lichterfüllter Kreuzgang mit farbenprächtiger Majolika ist einer der schönsten in Italien und ein beschaulicher Platz der Kontemplation, an dem man völlig abschalten kann.

TIPP
Im Museo Cappella Sansevero in der nahen Via Francesco De Sanctis 19/21 warten zauberhafte Barockskulpturen.

Ein weiterer urbaner Kraftort ist die Piazza San Domenico Maggiore. Entspannt macht sie sich vor einer majestätischen Basilika breit und lädt zum Innehalten in Cafés ein. Gut erholt dringt man von dort immer weiter ins antike Neapolis vor und wandelt über das Decumano Inferiore, eine der drei Hauptstraßen in der griechisch-römischen Epoche. Umhüllt von drei Jahrtausenden Geschichte freut man sich darüber, dass sich das historische Zentrum seine Authentizität bis heute bewahrt hat – eine echte Rarität in touristischen Städten.

- Spaccanapoli: Via Pasquale Scura/Via Benedetto Croce/ Via S. Biagio dei Librai/Via Forcella, 80138 Neapel
- ÖPNV: U-Bahn L1, Haltestelle Dante oder Duomo

Auf dem Platz der Könige

36

Piazza del Plebiscito

Diese Weite! Nach einem Bummel durch die Fußgängerzone Toledo überrascht die Piazza del Plebiscito mit jeder Menge Raum zum Durchatmen. Prompt gehen die Augen auf Entdeckungstour zu den Prachtbauten rund um die Piazza, vom Palazzo Reale bis zur Kirche San Francesco di Paola. Bei Sonnenuntergang sehen die herrschaftlichen Gebäude aus, als hätte sie jemand mit Pastellkreide bemalt.

Freundlich wird man beim Schlendern von den Königsstatuen an der Fassade des Palazzo Reale begrüßt. Sie erinnern an die Herrscherdynastien vergangener Jahrhunderte, die einst seine opulenten Gemächer bewohnten. Heute sind sie Teil eines Museums, zu dem ein zauberhafter Dachgarten mit Ausblick über das Meer gehört. Ein leichter Windzug verrät, dass es ganz in der Nähe sein muss: Gleich um die Ecke, neben dem Königspalast, erhascht man einen ersten Blick auf das glitzernde Blau! Läuft man später runter zur Promenade, wird man mit einem zweiten Panorama belohnt, das sich vom Hafen bis nach Sorrent erstreckt.

Denselben Spaziergang haben Monarchen gemacht, nachdem sie über das Pflaster der Piazza schritten. Zwei von ihnen wurden als stolze Reiterstatuen vor der Treppe an den Kolonnaden der Kirche verewigt. Ihre glänzenden Marmorstufen sind wie geschaffen, um innezuhalten und in die Atmosphäre dieses Ortes einzutauchen. Hin und wieder kann man hier lachend umherirrende Personen beobachten, die das Spiel der Königin Margherita gewinnen möchten: Angeblich versuchte die italienische Regentin, mit verbundenen Augen zwischen den Statuen hindurch den Platz zu überqueren. Zu ihrem Bedauern allerdings stets erfolglos. Experimentierfreudige können sich dieser Herausforderung stellen, die bis heute nur wenige bewältigt haben.

Regelmäßig wird die Piazza zur Bühne für Volksfeste und Konzerte, so wie das Party-Spektakel mit bekannten Bands an Silvester. Ein wahrer Glücksort, um bei Spielen und fröhlichen Festen das Leben zu genießen – und das bereits seit Jahrhunderten!

- Piazza del Plebiscito, 80132 Neapel
- ÖPNV: U-Bahn L1, Haltestelle Municipio oder Funicolare Centrale, Haltestelle Augusteo

Eldorado für Naschkatzen

37 La Sfogliatella Mary in der Galleria Umberto I

Die prall gefüllte Straßentheke Sfolgiatella Mary ist Verführung pur! Am Eingang der schicken Galleria Umberto I lockt sie mit duftender Sfogliatella und weiteren feinen Gebäckspezialitäten. Köstlich schmeckt der pilzförmige Rumkuchen *babà,* den es bei Mary auch mit Nutella gibt. Unwiderstehlich sind die *profiteroles al limone,* Miniwindbeutel mit Zitronencreme. Aber das Highlight des kleinen Geschäfts ist und bleibt *la sfogliatella,* die Majestät der neapolitanischen Pasticceria.

In der kleinen Backstube hinter dem Stand wird sie pausenlos auf großen Blechen in den Ofen geschoben. Beim Anstehen lässt ihr betörender Orangenblütenduft einem das Wasser im Munde zusammenlaufen. Wer sich mit Sfogliatella auskennt, erwartet nichts sehnlicher als das erste Knacken beim Hineinbeißen in das ofenwarme Stückchen. Das Gebäck gibt es traditionell in drei Varianten: die muschelförmige *sfogliatella riccia* aus dünnen Blätterteiglagen, die runde *frolla* aus Mürbeteig und die *Santa Rosa* mit einer saftigen Amarena-Kirsche obendrauf. Alle haben sie eine himmlische Cremefüllung, die nach einem alten Rezept aus Ricotta, Grieß, Orangenblüten und Milch zubereitet wird. Allerdings wäre es nicht La Sfogliatella Mary, wenn es neben diesen klassischen Gebäcksorten nicht auch leckere Eigenkreationen gäbe.

Erfunden wurde die feine Köstlichkeit schon im 17. Jahrhundert im Kloster Santa Rosa an der Amalfiküste. Es heißt, eine der Nonnen wollte gekochten Grieß verwerten und fügte etwas Zucker, Trockenfrüchte sowie Zitronenlikör hinzu. Dann kam ihr die geniale Idee, die Creme in Teigblätter zu füllen und – voilà – die *sfogliatella Santa Rosa* war geboren. Dank dem Bäcker Pasquale Pintauro erreichte sie im 19. Jahrhundert schließlich Neapel. Er brachte das Rezept von einer Amalfitana-Reise mit, änderte es ein wenig und schenkte der *sfogliatella riccia* ihre muschelförmige Form. Grazie mille!

- La Sfogliatella Mary, Via Toledo 66 (Galleria Umberto I), 80132 Neapel, Tel. +39 081 40 22 18
- ÖPNV: U-Bahn L1, Haltestelle Municipio oder Funicolare Centrale, Haltestelle Augusteo

fogliatella Mary
SPECIALITA' DEI
Promesse d'amore - Baba -
SI AVVISA TUTTA LA CLIENTELA CHE LA DOMENICA SI EFFETTUA ORARIO CONTINUO DALLE ORE 8:00 ALLE ORE 20:30
UNICA SEDE
La Sfogliatella Mary

Marktstraße des Genusses

38 La Pignasecca bei den Quartieri Spagnoli

Aufregender und malerischer als La Pignasecca kann ein Durcheinander nicht sein! Der älteste Markt von Neapel verläuft in direkter Nachbarschaft zu den Quartieri Spagnoli und sprüht nur so vor Vitalität. Dabei bedarf es nur eines kleinen Abstechers von der Fußgängerzone und schon ist man mittendrin: im bühnenreifen Gewirr eines elektrisierenden Mikrokosmos, untermalt von den unüberhörbaren Lockrufen der Fischverkäufer. Auf wenigen Metern findet man eine Fülle an Bäckereien, Pizzerien und Imbissständen wie sonst nirgends in der Stadt. Dazwischen nutzen Läden die schmalen Gehwege zur Präsentation ihrer Waren: Tischdecken, Pantoffeln, Rührschüsseln – hier gibt es wirklich nichts, was es nicht gibt.
Im Bann überbordender Eindrücke wird der Bummel durch die Via Pignasecca und über die Piazza mit den Ständen der Gemüsehändler schnell zum Hindernislauf. Immer wieder wechseln die Passanten unwillkürlich die Straßenseite, angezogen vom betörenden Duft frisch gebackener Taralli, leckerer Pizzetta in Straßentheken und Feinkostläden mit von der Decke baumelndem Caciocavallo-Käse. Manchmal gilt es aber auch einfach auszuweichen – dem Gedränge oder einer Vespa, die routiniert durch die anarchisch anmutende Straße fährt.
Wer mit viel Appetit kommt (und das sollte man!), wird hier kulinarisches Glück finden. Unversehens hat man ständig eine Delikatesse in der Hand und macht, gewollt oder nicht, eine Streetfood-Tour. Besonders bekannt ist La Pignasecca für die zahlreichen *Friggitorie,* wie etwa Fiorenzano mit der Hausnummer 48. Frittiert wird dort, was das Zeug hält: goldene *Zeppole*, fluffig aus Hefeteig, knusprige *Pizza fritta,* die Reisbällchen *Arancini* und die beliebte *Frittura mista di pesce* mit frittiertem Fisch, Garnelen und Calamari. Alles für ein paar Euro, manches kostet sogar nur 50 Cent. Wen die Lust auf Pizza überkommt, sollte unbedingt bei Attilio (Nr. 17) vorbeischauen und seine sternenförmigen Kreationen probieren – ein galaktischer Genuss!

● La Pignasecca, Via Pignasecca, 80134 Neapel
● ÖPNV: U-Bahn L1, Haltestelle Toledo, U-Bahn L2, Haltestelle Montesanto oder Funicolare di Montesanto, Haltestelle Montesanto

Mis
ULTIMI PEZZI
COTONE
COPRICOSTUME

Aktiviere dein Glück!

39 Der Laden Cosmos Artigianato Napoletano

„Es ist nicht wahr, aber ich glaube es“ sagt man in Neapel. Tief verwurzelt ist der Aberglaube in der Stadt am Vesuv, in der Glücksbringer zum Alltag gehören. Ein echter Allrounder ist das feuerrote *corno* (Horn), das wie eine Chilischote aussieht. Nicht nur vor übler Nachrede und dem „bösen Blick“ soll es schützen, sondern vor allen Dingen dem Glück auf die Sprünge helfen.

Buchstäblich zauberhafte Glückshörnchen gibt es im Geschäft von Cosmos in der Via San Gregorio Armeno, der Straße der Krippen und Kunsthandwerker. Geführt in der zweiten Generation von den beiden Schwestern Serena und Delia, hat es sich auf handgefertigte Glücksbringer, vornehmlich *corni,* spezialisiert. Egal ob man auf der Suche nach der großen Liebe ist oder sich vor schlechten Schwingungen schützen möchte: Bei Cosmos wird man freundlich über das geeignete Stück beraten.

Alle Kunstwerke sind handbemalte Unikate, hergestellt aus Terrakotta in der eigenen Manufaktur. Sie interpretieren das traditionelle Hörnchen auf moderne Weise und jedes Dekor hat eine spezielle Bedeutung. Neben dem klassischen *corno della Regina,* Sinnbild für Potenz und Reichtum, gibt es den bezaubernden Gegenstand für jeden Herzenswunsch. Das Besondere: Auf Bestellung werden auch personalisierte Stücke angefertigt.

Damit der Glücksbringer wirken kann, muss er aber erst durch ein magisches Ritual „aktiviert“ werden. Wer ihn für sich selbst kauft, kann das gleich im Laden erledigen lassen. Der „Aktivierungszauber“ ist im Service inbegriffen und läuft folgendermaßen ab: linke Hand öffnen, Spitze des *corno* in die Handfläche drücken, Hand schließen. Fertig! Verpackt wird es in einer roten Schachtel mitsamt Bedienungsanleitung. Falls es zerbricht, bitte keine Sorge! Dann hat es „Negativität“ abgefangen und seine Funktion bestens erfüllt. Wie sagte der neapolitanische Theaterregisseur Eduardo De Filippo? „Abergläubisch zu sein ist dumm, aber es nicht zu sein, bringt Unglück.“

- Cosmos Artigianato Napoletano, Via S. Gregorio Armeno 5, 80138 Neapel, Tel.+39 081 19 35 11 65, www.cosmosangregorioarmeno.com
- ÖPNV: U-Bahn L1, Station Dante oder Duomo, von dort 10 Minuten zu Fuß

CORNO CLASSICO
€ 18,00
€ 32,00
€ 28,00

In Pastell gemalt

40 Ausflug nach Procida zur Marina di Corricella

In der Nachbarschaft ihrer bekannten Schwestern Capri und Ischia führte die Fischerinsel Procida bisher ein eher beschauliches Dasein. Das könnte sich bald ändern, denn das kleine Juwel im Golf von Neapel wurde zur italienischen Kulturhauptstadt 2022 gekürt. Verdientermaßen, da die Insel neben ihrem reichen kulturellen Erbe eine äußerst reizvolle Landschaft hat. Kaum sattsehen kann man sich an ihrem märchenhaften Inselbild! Geprägt wird es von verschachtelten Häuschen in allen Pasteltönen, Stränden mit dunklem Vulkansand und liebenswerten Fischerdörfern.

Eines der idyllischsten ist La Corricella unterhalb der mittelalterlichen Bergfestung Terra Murata. Steile Treppen und enge Gassen führen hinunter zu seinem Fischerhafen, einem pittoresken Flecken ohne Autoverkehr, jeder Menge 60er-Jahre-Flair und schönen Restaurants. Dort gibt es die inseltypischen Spaghetti al limone, die mit aromatischen Procida-Zitronen zubereitet werden. Auch wenn es aus der Küche schon verführerisch duftet, fällt das Warten aufs Essen nirgends leichter als an einem Tisch in erster Reihe am Wasser. Während man beim Aperitif die Aussicht aufs türkisfarbene Meer genießt und dem Wellenrauschen lauscht, stellt sich eine angenehme Leichtigkeit ein. Spätestens jetzt fühlt man sich angekommen in Süditalien, möchte an keinem anderen Ort sein – und vor allen Dingen nicht mehr aufstehen. Höchstens um später ein bisschen am Hafen zu schlendern und in der Gelateria Chiaro di Luna ein köstliches Sorbet oder einen erfrischenden Zitronensalat mit Minze zu probieren. Von der Eisdiele hat man eine prima Sicht auf den Borgo di Terra Murata, der nach einem schönen Spaziergang erreichbar ist. Wie eine Filmkulisse wirkt La Corricella von dort oben – und war es auch schon! Eine wunderbare Einstimmung auf die Insel Procida ist „Il Postino“ („Der Postmann“) mit dem unvergessenen Schauspieler Massimo Troisi. Poetisch und verträumt weckt der Film Vorfreude auf die Entdeckung dieser kleinen Perle im Mittelmeer.

TIPP

Mit Blick auf die Bucht übernachtet man im Hotel La Corricella in der Via Marina Corricella 88.

- Marina di Corricella, Via Marina di Corricella, 80079 Procida
- ÖPNV: Fähre Neapel–Procida, Fahrzeit ca. 40 Minuten, vom Hafen in Procida ca. 15 Minuten zu Fuß oder Bus C2, Haltestelle Terra Murata

In Gemälden schwelgen

41 Kunstgenuss im Museo di Capodimonte

Glück in allen Farben erwartet die Besucher des Kunstmuseums von Capodimonte. Seine großartige Gemäldesammlung befindet sich in einem der prächtigsten Bauwerke von Neapel, dem Palast Reggia di Capodimonte. Leuchtend rot thront er auf einem sanften Hügel, umgeben von einem Park mit saftig grünen Wäldern. Seine majestätischen Säle beherbergen eine überbordende Pinakothek und kostbares Porzellan. Für Fans von Kunst und schönen Dingen ist das Museum eine wahre Schatztruhe. In der Gemäldeausstellung reist der Geist von der Helldunkelmalerei der Spätrenaissance zu den Neonfarben der Pop-Art. Tizian, Botticelli, Raffael und der amerikanische Künstler Andy Warhol, alle sind sie hier vertreten. In geruhsamer Atmosphäre kann man in großartig präsentierten Werken schwelgen und dabei alles um sich herum vergessen. Ein belebender Raum voller Kreativität und Schönheit – manchmal hat man ihn fast für sich allein!

Angesichts dieser Kunstfülle schafft man es jedoch kaum, sich alles anzuschauen. Nicht auslassen sollte man aber die *Galleria delle arti a Napoli dal '200 al '700,* die einen Bogen über die städtische Kunstgeschichte spannt. Dort begeistern nicht nur die Werke von Caravaggio, dem „Rockstar" des Barocks, sondern auch die von Artemisia Gentileschi. Statt sich in einer Männerwelt aufs Zeichnen von Blümchen zu beschränken, malte die mutige Künstlerin vorzugsweise starke Frauen. Wem die Barock-Atmosphäre zu düster erscheint, sollte die Zeitgenössische Kunstabteilung aufsuchen. Dort explodiert nämlich der *Vesuvius,* und zwar vor Farben! Gelb sprüht die Lava aus seinem roten Schlund, der Vesuv als hypnotische Pop-Art von Warhol. Er belebt die Sinne und beflügelt die Fantasie. Ebenso wie die wunderbare Aussicht durch die Fenster des Appartamento Reale, an der man sich einfach nicht sattsehen kann. Dasselbe Panorama haben einst die Könige genossen, bevor sie im herrlichen Park flanierten. Doch der erzählt seine Geschichte als eigener Glücksort!

- Museo di Capodimonte, Via Miano 2, 80131 Neapel, Tel. +39 081 7 49 91 11
capodimonte.cultura.gov.it
- ÖPNV: Bus 3M, Haltestelle Porta Miano oder Porta Piccola

Burg auf einem Glücksei

42 Auf dem Dach des Castel dell'Ovo

Sich den Wind um die Nase wehen lassen, aufs Meer schauen und das Treiben auf der Promenade beobachten. Um das zu erleben, muss man nur dem Castel dell'Ovo aufs Dach steigen! Malerisch überragt die Burg den Borgo Marinari und den idyllischen Porto di Santa Lucia. Bereits der Aufgang zum Kastell überrascht mit großartigen Aussichten. Er führt vorbei an hübschen Skulpturen und Maueröffnungen, durch die sich der Vesuv in der Ferne zeigt. Unter der mittelalterlichen Festung liegt der Hafen, in dem sich schicke Jachten und Fischerboote tummeln. Ist man schließlich auf der Dachterrasse angelangt, gibt es zur Belohnung eine umwerfende Sicht auf Posillipo, die Promenade und Capri. Ein ziemlicher Wind weht hier manchmal, geschützter ist es an der Mauer bei den antiken Kanonen. Es lohnt sich, dort den Sonnenuntergang abzuwarten. Die Stunde, in der die Dämmerung den Vulkan langsam in sanfte Farben taucht, bevor die Lichter der Stadt die Nacht erleuchten – ein unvergessliches Spektakel! Bis dahin vergeht die Zeit beim Bestaunen des Fliesenbildes an der Terrasse, das eine strahlende Darstellung der Umgebung zeigt.
Doch nicht nur ihr Panoramadach macht die Burg zu einem Glücksort, sondern angeblich auch ein robustes Ei im Fundament. Um das Castel dell'Ovo, die „Eierfestung", rankt sich nämlich eine kuriose Legende. Der Dichter Virgil persönlich soll ein rohes Ei in ihrem Keller versteckt haben, gesichert durch schwere Schlösser. Von dessen Unversehrtheit hing nicht nur das Glück der Burg ab, sondern – nach dem damaligen Volksglauben – auch das Schicksal der ganzen Stadt. Als zur Zeit von Königin Johanna I. ein Burgbogen einstürzte, fürchteten alle um das Ei und Neapel. Um Panik zu verhindern, behauptete die clevere Monarchin einfach, sie habe es ersetzt. Der Aufstieg zum Dach ist gratis, nur die Ausstellungen in der Festung kosten Eintritt. Dafür kann man dann hinter die Mauern des Bauwerks blicken und unbeobachtet nach dem Ei Ausschau halten – aber bitte ganz vorsichtig …

- Castel dell'Ovo, Via Eldorado 3 (Borgo Marinari), 80132 Neapel
- ÖPNV: Bus 128, 140, Haltestelle Santa Lucia, U-Bahn L1, Haltestelle Municipio, von dort 15 Minuten zu Fuß

Platz an der Sonne

43 Die Küste am Porticciolo von Mergellina

Mergellina! Nicht viel zum Glück braucht es an diesem malerischen Küstenstreifen, es ist ja alles schon da. Das immerblaue Meer, eine sonnige Promenade mit einladenden Chalets und ein beschaulicher Bilderbuchhafen, der Porticciolo di Mergellina. In Chiaia erfreut sich das einstige Fischerviertel einer einmaligen Panoramalage. Umrahmt von den pastellfarbenen Palazzi an der Via Caracciolo und dem Meer liegt es zu Füßen des grünen Posillipo-Hügels.
Bevor man sich diesem bildschönen Anblick hingibt, muss jedoch eine verzwickte Entscheidung getroffen werden: Wo macht man es sich am besten gemütlich, um die Aussicht zu genießen? Auf den weißen Felsblöcken oder einer Bank auf der Seebrücke Molo Luise? Lang gestreckt führt sie am Porticciolo di Mergellina hinaus aufs Meer, vorbei an Segeljachten und bunten Fischerbooten. Damals wie heute verkaufen die Fischer ihren Fang in Hafennähe, auch wenn die kostspieligen Jachten schon lange den Ton angeben. Schlendert man die Küstenstraße hügelaufwärts, wartet dort das eindrückliche Monumentalbauwerk Fontana del Sebeto. In seiner Mitte hat es sich die Marmorskulptur eines nackten Mannes bequem gemacht. Sie symbolisiert den Fluss Sebeto und blickt völlig entspannt übers Meer, ähnlich wie die Spaziergänger auf der Bank davor.
Doch egal welchen Platz man zum persönlichen Favoriten erkürt, vorher führt kein Weg am Kiosk mit warmen Taralli vorbei. Der Verzehr dieser knusprigen Teigkringel, vorzugsweise mit einem kühlen Bier, ist in Mergellina ein gelebter Brauch. Zwar ist der Klassiker *Taralli 'nzogna e pepe* mit Schmalz und Pfeffer recht gehaltvoll, aber es gibt auch mit Olivenöl gebackene Veggie-Varianten. Mit salzigem Mandelgeschmack im Mund und der Sonne auf der Haut folgen die Augen den Tragflächenbooten, die vom Fährhafen Sannazaro Kurs auf Capri nehmen. Ein bisschen sehnsüchtig vielleicht, doch für die Entdeckung der Dolce-Vita-Insel bleibt ja noch Zeit: Momentan zählt nur das Hier und Jetzt!

- Küste von Mergellina, Via Caracciolo, 80122 Neapel
- ÖPNV: Funicolare di Mergellina, Haltestelle Mergellina, U-Bahn L2, Haltestelle Mergellina

china

Eine echte Theaterperle

44 Besuch im Teatro Bellini di Napoli

„Das San Carlo für seine Größe, das Bellini für seine Schönheit" sagt ein neapolitanisches Sprichwort. Nicht nur in den Augen vieler Einheimischer gilt das Bellini als das schönste Theater Neapels. Neben seiner berühmten Schwester, dem Opernhaus San Carlo, braucht sich das antike Teatro in der Altstadt gewiss nicht zu verstecken. Mit dessen Weltruhm kann es zwar nicht mithalten, doch dafür bringt es das Publikum mit einem wunderbar nostalgischen Ambiente zum Träumen. Legt man vor der sonnengelben Fassade des historischen Palazzo den Kopf in den Nacken, entdeckt man blumenumrankte Büsten und Figuren. Fast ein bisschen verspielt wirkt diese Außenkulisse, ganz anders als drinnen der prächtige Theatersaal. Opulent mit Gold und Fresken ist er ausgeschmückt, alles leuchtet in warmen Rottönen. Hufeisenförmig schmiegen sich die Logen um die Bühne mit einem schweren Vorhang, darüber brilliert das Porträt des Komponisten Vincenzo Bellini. Schließt man vor der Aufführung einen Moment die Augen, fühlt man sich direkt in die Blütezeit des neapolitanischen Theaters zurückversetzt.

Es war die Zeit nach seiner Einweihung im Jahr 1878, als das Bellini zum Ort des kulturellen Lebens der vornehmen Gesellschaft wurde. Nach einer bewegten Geschichte erstrahlt es längst wieder in altem Glanz und erfreut sein Publikum mit Musicals, Tanz, Konzerten und Schauspiel. Prominente Künstler wie Woody Allen oder die Tanzgruppe Momix standen bereits auf seiner Bühne. Bei Musikfans ist das Bellini ebenso populär wie bei Liebhabern des klassischen oder freien Theaters. Letztere besuchen gerne den Nachbarsaal Piccolo Bellini mit unkonventionellen Inszenierungen. Wer nach der Vorstellung noch keine Lust auf den Heimweg verspürt, kann den Abend in der trendigen Bistro-Bar Il Sottopalco im Innern des Theaters gemütlich bei einem Glas Wein und Livemusik ausklingen lassen.

- Teatro Bellini di Napoli, Via Conte di Ruvo 14, 80135 Neapel, Tel. +39 081 5 49 96 88, www.teatrobellini.it
- ÖPNV: U-Bahn L1, Haltestelle Dante oder Museo

Ab in den Untergrund

45 Legenden und Gemüse in Napoli Sotterranea

Es ist kaum zu glauben, wenn man über das Lavasteinpflaster der Altstadt läuft: 40 Meter tief unter der Erde dehnt sich ein enormes Netz von Höhlen und Kanälen aus. An der Piazza San Gaetano liegt der Eingang zu dieser mysteriösen Unterwelt, zu der eine scheinbar niemals endende Treppe führt. Der faszinierende Untergrund bildete sich bereits vor 2700 Jahren, als die Bevölkerung Tuffstein zum Hausbau ausgrub. Die dabei entstandenen Hohlräume wurden später von den Römern in Zisternen umgewandelt und im 18. Jahrhundert durch ein Aquädukt ersetzt. Dadurch erfreute man sich einer Menge Platz unter den Häusern und begann ihn für vielerlei Zwecke zu nutzen, auch als Luftschutzbunker. Eine nicht explodierte Bombe und verstaubtes Spielzeug sind wertvolle Stücke der Erinnerungskultur.

TIPP
Wer Platzangst hat, lässt den Kerzenspaziergang aus und schließt sich danach wieder der Führung an.

Bei einer Führung durch den Untergrund kommt man an erstaunlichen Orten vorbei. Einer davon sind die *Orti Ipogei,* ein unterirdisches Gemüsegartenwunder. Ganz prächtig gedeihen unter künstlichem Licht duftender Rosmarin und aromatisches Basilikum, saftig rote Erdbeeren oder Goij-Beeren. Bei der Erforschung von Lebensmöglichkeiten auf fremden Planeten interessierte sich sogar die NASA für dieses ungewöhnliche Experiment.

Eindrücklich sind ebenfalls die engen Wege der einstigen Zisternenreiniger. Die kleinen Männer trugen Kapuzenmäntel und gelangten zuweilen über vergessene Kellertüren in Häuser. Dort „fanden" sie allerlei Dinge, hinterließen aber auch mal ein paar Münzen auf dem Tisch. So entstand die Legende des *munaciello,* eines sympathischen kleinen Mönchs. Verschwindet etwas, sagt man noch heute, dass da wohl der *munaciello* am Werk gewesen sei. Im abergläubischen Neapel gibt es viele solcher Legenden, die eine Menge über die hiesige Lebensart verraten. Mühelos kann man sich ihre Entstehung beim Kerzenspaziergang durch den schmalen Felsspalt vorstellen, der zu einem smaragdgrün schimmernden See führt. Dabei fühlt man sich an schaurig-schöne Nachtwanderungen in der Kindheit erinnert.

- Napoli Sotterranea, Piazza San Gaetano 68, 80138 Neapel, Tel. +39 081 29 69 44 www.napolisotterranea.org
- ÖPNV: U-Bahn L1, Haltestelle Dante oder Duomo, von dort 10 Minuten zu Fuß

Lust auf Meer

46 Bootstour mit O' Nas' e Cane

An Bord gehen, einfach losschippern und sich treiben lassen! Eine Bootstour ist eines der erholsamsten und genussvollsten Erlebnisse in Neapel. Während langsam die Landschaft vorüberzieht, zeigt sich die Stadt aus einer völlig neuen Perspektive – sozusagen verkehrt herum. Die meisten Bootstouren werden nach Ischia, Capri oder zur Amalfiküste angeboten. Doch es braucht nicht unbedingt einen Tagesausflug, um Wohlfühlzeit auf dem Wasser zu verbringen. Auch Neapel bietet eine reizvolle Kulisse und lockt in seiner Bucht mit wunderschönen Impressionen. Man denke nur an die Küste von Posillipo mit dem Meeresschutzpark La Gaiola, herrschaftlichen Bauten wie der Villa Roseberry und den römischen Ruinen des mysteriösen Palazzo degli Spiriti.

Einer der ältesten Bootsverleiher von Neapel ist O' Nas' e Cane von Vincenzo Bianco, ein Bootsmann aus Leidenschaft. Am Hafen von Santa Lucia führt eine schmale Treppe zur Anlegestelle, gleich neben der Brücke zum Borgo Marinari. Bereits seit 1890 vermietet seine Familie Boote, anfangs an Fischer und später an alle, die sich einfach nur die Gegend anschauen wollten. Verliehen werden verschiedene Bootstypen wie Motor- und Ruderboote. Möchte man lieber nicht selbst Kapitän spielen, kann man mit Vincenzo auf Tour gehen. Er bietet unter anderem Panorama-Ausflüge und Fahrten zum Meerespark La Gaiola an, erfüllt aber auch gerne individuelle Wünsche.

Wir entscheiden uns für den kleinen Giro per il Castello, der um die Insel Megaride führt. Schon bald nachdem wir unsere Plätze auf dem Boot eingenommen haben, stellt sich ein Gefühl der Leichtigkeit ein. Gekonnt umschifft Vincenzo das Castel dell'Ovo, das vom Meer aus noch viel mächtiger erscheint. In Sichtweite zur Promenade tuckern wir ein Stückchen Richtung Posillipo, lassen uns den salzigen Fahrtwind durch die Haare wehen und die warme Sonne ins Gesicht scheinen. Grenzenloses Urlaubsfeeling!

- O' Nas' e Cane, Banchina S. Lucia (Borgo Marinari), 80132 Neapel, Tel. +39 368 3 13 16 85
- ÖPNV: Bus 128, 140, Haltestelle Santa Lucia, U-Bahn L1, Haltestelle Municipio, von dort 15 Minuten zu Fuß

Get the Positano-Look!

47 Boutique Antica Sartoria by Giacomo Cinque

Sonne, Sommer, wo bitte geht's zum Strand? An einem heißen Julitag auf der Einkaufsmeile Via Toledo bleiben wir fasziniert vor dem Schaufenster der Boutique Antica Sartoria by Giacomo Cinque stehen. Begeistert von den bunt gemusterten Sommerkleidern und Strand-Outfits treten wir ein in ein leuchtendes Farbenmeer. Ausgefallene Designs mit Flower-Power, wohin man sieht!

Tiefblaue Blüten, knallgelbe Zitronen und korallfarbene Spitze vereinen sich im fröhlichen Hippie-Boho-Style. Geschmückt werden die Kleider von raffinierten Stickereien und Applikationen wie Bommeln oder Quasten. Für den Strandbesuch gibt es schicke *copricostume,* die über dem Badeanzug oder Bikini getragen werden. Besonders angetan haben es uns die mit Ethno-Mustern verzierten Jeansjacken. Glücklicherweise gibt es die Gute-Laune-Mode auch für modebegeisterte Herren. Die Outfits mit gemusterten Shorts, luftigen Hemden und dazu passenden Espadrilles sind wie gemacht für eine Strandparty oder einen vergnügten Bootsausflug.

Vielleicht zur Amalfiküste? Die ganze Zeit über fühlen wir uns durch die intensive Farbpalette an diesen traumhaften Landstrich erinnert, was natürlich kein Zufall ist. Das trendige Label Antica Sartoria wurde in den 1960ern nämlich genau dort geboren, im malerischen Positano. Damals kreierten die kleinen Schneidereien aus dem einstigen Fischerdorf die klassische *moda Positano:* aus weißem Leinen, leichten Baumwollstoffen und romantischer Spitze. Durch den einsetzenden Tourismus-Boom wurde sie rasch international bekannt. Als Ende der 60er-Jahre die Hippie-Bewegung auf der Suche nach einem freien Lebensgefühl nach Positano kam, beeinflusste sie auch die Mode.

In seinen Kollektionen greift das Label Antica Sartoria den Positano-Look mit Hippie- und Boho-Chic auf. Diese Kombination ergibt einen unverwechselbaren Modestil, der eine Menge Lebensfreude und Fröhlichkeit versprüht.

- Antica Sartoria by Giacomo Cinque, Via Toledo 112/113, 80134 Neapel, Tel. +39 081 3 04 75 93, www.anticasartoriapositano.it
- ÖPNV: U-Bahn L1, Station Toledo

Über den Wellen

48 Auf der Pontile Nord di Bagnoli

Wie eine überdimensionale Zementzunge ragt die fast 1 Kilometer lange Seebrücke von Bagnoli weit hinaus ins Meer. Wo bis in die 1990er-Jahre Schiffe anlegten, um Güter zu dem mittlerweile stillgelegten Stahlwerk zu transportieren, gehen die Leute heute tiefenentspannt spazieren. Wer auf dem Pier über das tiefblaue Meer schlendert, fühlt sich ein bisschen wie an Bord eines Schiffs auf hoher See. Begleitet von Wellen und neugierigen Möwen wird man vollständig in den Bann einer umwerfenden Landschaft gezogen. Auf einer Seite erhebt sich der Posillipo-Hügel mit dem Parco Virgiliano, davor das Inselchen Nisida. Auf der anderen Seite bezaubern der Monte di Procida sowie die Küstenstadt Pozzuoli, in der Mitte zeichnen sich sanft die „Skylines" der Inseln Procida und Ischia ab. Je weiter man auf der Brücke läuft, desto fesselnder wird die Aussicht und desto stärker die Meeresbrise. Schritt für Schritt lässt man das Festland weiter hinter sich und kommt bei sich selbst an.

Viele besuchen die Brücke zum Joggen, um frische Seeluft zu tanken oder um sich auf einer der Steinbänke die Sonnenstrahlen auf den Bauch scheinen zu lassen. Eine besondere Atmosphäre bringen die Abendstunden mit sich, kurz bevor die Sonne im Meer versinkt. Nachts wird der Pier dann allerdings geschlossen, das sollte man bei der Ausflugsplanung bedenken. Im Kontrast zum phänomenalen Meerblick steht dagegen leider die Gegend hinter der Küste. Dort gibt es noch immer die verfallenen Bauten des Stahlwerks, die jetzt als „Industriearchäologie" gelten. Geplant ist, sie durch eine attraktive Freizeitanlage zu ersetzen. Das wird besonders den Einheimischen gefallen, bei denen sich die Seebrücke großer Beliebtheit erfreut. Durch ihre etwas abgelegene Lage im Stadtteil Bagnoli ist sie bei Reisenden noch ein echter Geheimtipp. Wer mag, verbindet ihren Besuch mit einer Badepause am sandigen Coroglio-Strand. Beim Schlendern über den Wellen kann man ihn sehen, was für ein Anblick!

TIPP

Für Familien lohnt ein Besuch des Wissenschaftsmuseums Città della Scienza in der Via Coroglio 57/104.

● Pontile Nord di Bagnoli, Via Coroglio 30, 80124 Neapel
● ÖPNV: S-Bahn Cumana, Haltestelle Bagnoli, U-Bahn L2, Haltestelle Bagnoli-Agnano Terme, von dort 15 Minuten zu Fuß

Tief durchatmen!

49 Spaziergang durch den Park der Villa Floridiana

Von außen nicht einsehbar, versteckt sich hinter der geschäftigen Fußgängerzone Via Scarlatti ein idyllischer Ort der Ruhe. Sobald man durch das eiserne Tor der Villa Floridiana tritt, duftet es intensiv nach Moos und Laub. Es ist, als ob sich hinter den Mauern dieses öffentlichen Parks ein Schalter umlegen würde: Plötzlich verstummen die Geräusche der schnelllebigen Stadt, stattdessen nur noch Vogelgezwitscher und Blätterrauschen. Unter Pinien, Platanen, jahrhundertealten Eichen und Zypressen laden Bänke zum Durchatmen ein. Dank dieser üppigen Pflanzenpracht ist die Luft im Park auch an heißen Sommertagen angenehm frisch.

Auf den gewundenen Wegen vorbei an blühenden Kamelien stößt man immer wieder auf zauberhafte Statuen und Säulen. Alle Pfade scheinen hinunter zur romantischen Villa Floridiana zu führen. Sie ist nicht nur wunderschön anzusehen, sondern beherbergt auch das Keramikmuseum Duca di Martina mit einer der größten italienischen Sammlungen dekorativer Kunst. Darunter fein gearbeitetes Porzellan aus dem Orient und dem Okzident. Eine ausladende Treppe führt von der Villa zu einem verwunschenen Brunnen mit Schildkröten, hinter dem sich ein wunderbares Belvedere eröffnet. Wieder einmal wird man dort unverhofft mit einer dieser atemberaubenden Aussichten über den Golf von Neapel überrascht.

Anlegen ließ die grüne Lunge des Vomero-Viertels Anfang des 19. Jahrhunderts der Bourbonenkönig Ferdinand IV. und machte damit seiner Gattin, der Herzogin von Florida, ein ziemlich großzügiges Geschenk. So kam der Park zu seinem Namen Villa Floridiana. Heute ist er ein urbanes Paradies für stressgeplagte Stadtbewohner und ruhebedürftige Touristen, die dort den Kontakt zur Natur suchen. Seit einigen Jahren teilen sie sich die schattige Grünanlage mit den freundlichen Mitgliedern einer Katzenkolonie, die von einem Tierschutzverein versorgt wird. Die kleinen Fellnasen freuen sich natürlich über jede Streicheleinheit!

- Villa Floridiana, Via Domenico Cimarosa 77, 80127 Neapel
- ÖPNV: U-Bahn L1, Haltestelle Vanvitelli, Funicolare di Chiaia, Haltestelle Cimarosa

Boulevard mit Glücksecken

50 Von der Via Chiaia bis zum Meer

Shopping, Sightseeing und Relaxen (fast) gleichzeitig – geht das überhaupt? Ja! Und zwar im angesagten Chiaia-Viertel. Schmucke Jugendstilhäuser mit prächtigen Innenhöfen und ansehnliche Plätze sorgen in dieser eleganten Gegend für gute Laune. Eine ihrer reizvollsten Straßen ist die Via Chiaia, wo man beim Streifzug durch Boutiquen und Vintage-Läden schon mal die Umgebung vergisst. Das wäre allerdings schade, denn die charmante Fußgängerzone überrascht mit einer Fülle von idyllischen Winkeln, pittoresken Treppen und umwerfenden Palazzi.

Ein perfekter Startpunkt ist das Gran Caffè Gambrinus an der Piazza Trieste e Trento, auf der still ein Brunnen vor sich hinplätschert. Von dort führt die Via Chiaia geradewegs auf die imponierende Brückenkonstruktion Ponte di Chiaia zu. Hier sollte man sich in Ruhe umschauen, um nicht die charakteristische Salita Sant'Anna di Palazzo zu übersehen, die in die Quartieri Spagnoli abzweigt. Eine Terrasse weist dort den Weg zur legendären Pizzeria Brandi, in der 1889 die Pizza Margherita erfunden wurde. Sowieso verstecken sich die reizvollsten Ansichten in den schmalen Seitengassen, allen voran in den Gradoni di Chiaia, einem steilen Treppenweg. Gesäumt wird er von hübschen Restaurants mit Tischen unter Balkonen, dazu gibt's einen Blick bis zur Certosa di San Martino. Bezaubernd ist auch der Vicoletto Sant'Arpino gegenüber vom märchenhaften Palazzo Cellamare. Terrakottatöpfe begrünen seine Stufen, die sich unter einem Bogen hinaufschwingen. Doch das Beste kommt zum Schluss: der friedvollste Bereich der Via Chiaia gleich um die Ecke, leicht zu erkennen an einer romantischen Allee und einem beachtlichen Vogelkonzert. Cafés mit Schatten spendenden Bäumen laden dort zum Ausruhen ein, während man dem fröhlichen Gezwitscher lauscht. Wer noch mehr Glück sucht und große Katzen mag, schlendert zum majestätischen Löwendenkmal an der Piazza dei Martiri. Von dort führt die von Designer-Shops gesäumte Via Calabritto direkt zur sonnenverwöhnten Promenade am Meer.

● Via Chiaia, 80132 Neapel

● ÖPNV: U-Bahn L1, Haltestelle Toledo oder Municipio, von dort 10 Minuten zu Fuß

51 Osteria Il Gobbetto in den Quartieri Spagnoli

Gäbe es da nicht eine Tür zwischen der Osteria Il Gobbetto und der Via Sergente Maggiore, die Illusion wäre perfekt. Dann würden die Gäste kaum bemerken, dass sie nicht mehr in einer Gasse der Quartieri Spagnoli, sondern im Innenraum eines Restaurants sind. Dazu trägt vor allem die Tapete mit dem gigantischen Foto einer typischen Altstadtgasse bei. Sie vermittelt das kuriose Gefühl, direkt unter Balkonen mit gespannten Wäscheleinen zu speisen.
Um dem familiengeführten Lokal ein volkstümliches Ambiente zu verleihen, hat der sympathische Wirt Gennaro Vitiello nichts dem Zufall überlassen. Gemeinsam mit seinem Sohn Pasquale bedient er seine Gäste in der typisch neapolitanischen Tracht, bestehend aus gestreiften Pluderhosen und weißen Hemden. Gekocht wird natürlich traditionelle *cucina napoletana* – und zwar mit viel Leidenschaft von Anna, Gennaros Frau, unterstützt von Tochter und Sohn. Lebensfroh und zuweilen theatralisch geht es in der Osteria zu, vor allem, wenn der Gastwirt spontan ein Lied zum Besten gibt.
Bei der Menüwahl sollte man seinen Empfehlungen vertrauen und mit den Antipasti aus der Theke beginnen. Sie sind ein kulinarischer Höhepunkt mit Wow-Faktor, einladend serviert auf farbenfrohen Keramiktellern. Besonders in Erinnerung bleiben die köstlichen *scagliuozzi*, frittierte Polenta. Ebenfalls ein Gaumenschmaus ist die leckere hauseigene Spezialität *Gnocchi del Gobbetto* mit Zucchini, Pfeffer und Parmesan. Wer danach Lust auf Fisch hat, wird die Dorade in Salzkruste mögen. Als Begleitung gibt es ausgezeichneten Hauswein und frisch gebackenes Brot, das gehört in Neapel immer auf den Tisch. Leicht vorstellbar, dass die Osteria Il Gobbetto wegen ihrer authentischen Küche zu moderaten Preisen und ihrer herzlichen Atmosphäre auch bei Einheimischen beliebt ist. Ihre schmackhaften Leckerbissen, gewürzt mit von Herzen kommender Folklore, machen hier das Essen zum doppelten Vergnügen.

● Osteria Il Gobbetto, Vico Sergente Maggiore 8, 80132 Neapel, Tel. +39 081 2 51 24 35, www.osteria-il-gobbetto3.webnode.it
● ÖPNV: U-Bahn L1, Haltestelle Municipio oder Toledo, von dort 10 Minuten zu Fuß, Funicolare Centrale, Haltestelle Augusteo

Schatzkammer der Antike

52

Das Museo Archeologico Nazionale di Napoli

Kann ein Archäologiemuseum ein Glücksort sein? Das könnte man sich fragen, bevor man die gigantischen Marmorskulpturen und Funde aus den antiken Städten am Vesuv nicht mit eigenen Augen gesehen hat. Sie gehören zur weltweit beispiellosen Sammlung griechisch-römischer Kunstwerke des Archäologischen Museums von Neapel (MANN). Es ist so berühmt, dass es von den Einheimischen nur *il museo* genannt wird.

Viele Originale der in den Ausgrabungen von Pompeji und Herculaneum nachgebildeten Kunstobjekte sind hierher überführt worden. Filigrane Mosaike, prächtige Fresken in leuchtenden Farben und erstaunliche Einrichtungsgegenstände: Sie alle erzählen vom Leben der Pompejaner vor dem Vesuvausbruch 79 n. Chr. und schmückten ihre Villen mit graziler Eleganz. Ihren Alltag vor 2000 Jahren wiedererleben zu dürfen, ist berührend und schafft eine emotionale Verbundenheit mit den Menschen von damals.

Es ist ratsam, die Ausgrabungen bereits vor dem Museum zu besuchen, weil man sich die Kunstwerke in ihren einstigen „Wohnhäusern" dann besser vorstellen kann. So wie den Wachhund auf dem Bodenmosaik Cave canem, der einst das „Haus des Tragischen Dichters" in Pompeji beschützte. Oder das aus einer Million Steinchen bestehende Alexandermosaik aus dem Haus des Fauns. Besonders imponieren die Bronzeskulpturen zweier Athleten aus der Villa dei Papiri in Herculaneum. Der Blick in ihre ausdrucksvollen Augen ist pure Magie! Für pikante Momente sorgt hingegen das *gabinetto segreto* (Geheimkabinett), das eine Idee von den ausschweifenden erotischen Fantasien der Pompejaner vermittelt. Lange hielt man es wegen seiner nicht jugendfreien Darstellungen vor der Öffentlichkeit verschlossen. Das alles ist aber nur ein Bruchteil dessen, was es im MANN zu sehen gibt. Eine der größten ägyptischen Kunstsammlungen in Italien zählt nämlich auch noch dazu. Für den Besuch sollte man deshalb ausgiebig Genusszeit einplanen. Sie vergeht garantiert wie im Flug!

TIPP

Die frei zugängliche Stazione Neapolis unter dem Museum zeigt Funde, die beim U-Bahn-Bau gemacht wurden.

- Museo Archeologico Nazionale di Napoli, Piazza Museo 18/19, 80135 Neapel, Tel. +39 081 4 42 21 11, www.mann-napoli.it
- ÖPNV: U-Bahn L1, Haltestelle Museo

Corridore
Athlete

Gipfelträume auf Capri

53 Tagesausflug nach Anacapri mit Monte Solaro

Was wäre eine Reise nach Neapel ohne einen Ausflug nach Capri? Auch wenn die weltberühmte Insel jeden Tag Tausende Touristen verkraften muss, hat sie nichts von ihrem Charisma eingebüßt. Seit den 1950ern ist sie der Inbegriff des Dolce Vita, des süßen Luxuslebens. Angekommen am Hafen, fahren die meisten Gäste mit der Funicolare über Zitrusgärten hinweg zur trubeligen Piazza Umberto I. Von dort schlendern sie zuerst zu den Giardini di Augusto, um die berühmten Faraglioni-Felsen im Meer zu sehen.

Viele solch atemberaubender Belvedere gibt es auf Capri, doch eines sticht besonders hervor: der Monte Solaro. Im geruhsameren Ort Anacapri lockt er als höchster Berg der Insel Panoramaverliebte und Wanderer an. Schon die Fahrt mit dem Sessellift ist ein einzigartiges Erlebnis. Und auch ein bisschen abenteuerlich! Nur einen Sitz hat jeder Sessel der altmodisch anmutenden Seggiovia Monte Solaro. Was zunächst etwas sonderbar erscheinen mag, hat aber auch einen Vorteil: So kann man völlig ungestört seinen Gedanken nachhängen, während man über Weingärten und gelb blühenden Ginster schwebt. Derweil sich der Gipfel nähert, werden die weißen Häuschen von Anacapri immer kleiner und die Boote im smaragdfarbenen Meer verwandeln sich in helle Farbtupfer.

Oben ist die Aussicht dann einfach umwerfend! Bei klarer Sicht bietet sich ein Rundumblick über die Faraglioni und Capri-Stadt, man erkennt Ischia, die Amalfiküste und sogar Neapel. Fast zum Greifen nah erscheint Massa Lubrense am äußeren Zipfel der Penisola Sorrentina. Länger verweilen möchten hier alle, angelockt von den Liegestühlen des Gipfellokals La Canzone del Cielo. Kommt man früher, bleibt noch Zeit für eine Wanderung und den Abstieg durch reizvolle Gegenden. Wieder unten in Anacapri angekommen, wartet in der Viale Axel Munthe 34 ein weiterer Höhepunkt mit Traumsicht: In der Villa San Michele mit Museum lädt ein verwunschener Park mit seltenen Blumen zum Lustwandeln ein. Auf der Sphinx-Terrasse hält man inne, bis die Sonne über dem Meer versinkt.

● Monte Solaro, Sessellift: Via Caposcuro 10, 80071 Anacapri, www.capriseggiovia.it
● ÖPNV: Fähre Neapel-Capri, Fahrzeit 1 Stunde. Am Hafen in Capri weiter mit der Funicolare, Haltestelle Piazza Umberto I, Bus bis Anacapri, Haltestelle Piazza della Vittoria

Flanieren und spazieren

54 Sonntags auf der Promenade von Neapel

Gäbe es ein Ranking unter den Glücksorten, wäre die sonnenverwöhnte Promenade ganz vorne mit dabei. Von der autofreien Via Partenope, wo die Tische der Restaurants bis weit auf die Straße stehen, verläuft sie 3 Kilometer bis zur Bucht von Mergellina. Eingerahmt vom Borgo Marinari, dem Vomero-Hügel und Posillipo, erfüllt das Lungomare Herz und Augen mit einmaligen Ansichten.

Wer sich unter die Einheimischen mischen möchte, kommt am besten an einem warmen Sonntagnachmittag. Dann wird die Promenade von Familien mit Kindern und Großeltern, verliebten Pärchen und Joggern bevölkert. Alle sind sie hier, um Urlaub vom Alltag zu machen. Am Geländer der Via Caracciolo genießen sie die frische Seeluft und lassen ihren Blick übers Wasser bis nach Capri schweifen. Sie inspirieren dazu, es ihnen gleichzutun und einfach ein bisschen die Seele baumeln zu lassen.

Noch mehr Entschleunigung verspricht der Ausflug mit einer vierrädrigen Fahrradrikscha. Während man zu zweit in die Pedale tritt, zieht gemächlich die Landschaft vorüber. Besonders Spaß macht das Fahren auf dem schattigen Weg vor der Villa Comunale. Mit etwas Glück erlebt man dort sonntags ein Konzert im Cassa Armonica, dem architektonischen Glanzstück des Parks. Er erstreckt sich entlang der Via Caracciolo, die den längsten Promenadenabschnitt bildet, und sogar mit ein paar Ministränden aufwarten kann! Der Mappatella Beach am Rotonda Diaz und die Badestelle an der Colonna Spezzata sind zwar meistens überfüllt, doch rundum auf den Felsen findet sich immer ein Ruheplätzchen. Erfrischendes *Granita di limone* gibt's im Chalet Blu am Parkeingang. Das Lokal ist eines der vielen Bar-Terrassencafés auf dem Weg nach Mergellina.

Abends füllt sich die Strandpromenade plötzlich, auf den Gehwegen verkaufen fliegende Händler ihre Souvenirs und die Straßencafés freuen sich über gute Geschäfte. Deshalb am besten zweimal das Lungomare besuchen: tagsüber und nachts!

TIPP

Beim Start in Mergellina hat man während des Spaziergangs immer den Vesuv im Blick.

- Lungomare, Via Caracciolo, 80122 Neapel
- ÖPNV: Bus 128, 140, Haltestelle Piazza Vittoria, U-Bahn L2, Haltestelle Amedeo, von dort 10 Minuten zu Fuß

Erfrischend anders

55 Caffè und Cocktail-Bar Barrio Botanico

Rund um den gigantischen Porto di Napoli herrscht zu jeder Zeit geschäftige Betriebsamkeit, von Dolcefarniente keine Spur. Doch genau in dieser belebten Gegend lockt die Bar Barrio Botanico mit Grüne-Oase-Feeling. Versteckt hinter der Fassade des historischen Palazzo Fondi bezaubert das außergewöhnliche Lokal mit einem schattig-verträumten Innenhof. Gleich nach dem hohen Torbogen bleibt der Großstadttrubel außen vor und Ruhe breitet sich aus. Von hupenden Autos und Mopeds ist nichts mehr zu hören, dafür läuft hier dezente Musik. Auch wenn im Sommer die Luft über dem Straßenasphalt vor Hitze nur so flimmert, ist es im Hof angenehm frisch. Für eine rundum behagliche Atmosphäre sorgen jede Menge Kübelpflanzen, mediterrane Bäumchen und eine Einrichtung mit Vintage-Charme.

Erst vor ein paar Jahren hat das Barrio Botanico eröffnet und ist in seiner Art einzigartig in Neapel. Tagsüber ist es Café und Bar, abends Cocktail-Lokal. Bei einem süßen Frühstück mit Croissants, Brioches und Pancakes kann man sich herrlich auf eine Städte- oder Inseltour einstimmen. Von der Bar sind es praktischerweise nur wenige Gehminuten bis zum Fährhafen und zur U-Bahn-Station Municipio. Ab dem Nachmittag gibt es dann eine ausgefeilte Cocktail-Karte mit einer breit gefächerten Auswahl an klassischen und Signature Drinks. Serviert werden sie mit kleinen Snacks wie Erdnüssen oder Taralli. Raffiniert ist der *Neapolitan lemon tree,* der unter anderem mit Gin, Limoncello, Ingwer-Sirup und Minze gemixt wird. Die alkoholfreien Cocktails variieren, je nachdem, welche Früchte gerade Saison haben. Gemütlich genießen kann man sie draußen bei der Lounge-Bar, wo Sessel mit Plaids für kühle Tage bereitstehen. Für jeden Wunsch gibt es ein Plätzchen, vom Korbsessel bis zum Chill-out-Sofa. Dort wartet man eingekuschelt auf den Abend und die Beleuchtung aus vielen kleinen Lichtern, die eine magische Stimmung in den Hof zaubern.

● Barrio Botanico, Via Medina 24, 80133 Neapel, Tel. +39 081 4 24 61 86
● ÖPNV: U-Bahn L1, Station Municipio

MONKEY 47

Vom Meer in den Himmel

56 Hoch hinaus mit der Funicolare di Mergellina

Auf der ganzen Welt kennt man das fröhliche neapolitanische Volkslied „Funiculì, funiculà". Ende des 19. Jahrhunderts wurde es zur Einweihung der Funicolare am Vesuv komponiert. Heute fährt die Standseilbahn zwar nicht mehr auf den Vulkan, ist aber zu einem der bedeutendsten Verkehrsmittel in Neapel avanciert. Mit einer Brise Retro-Charme verbinden dort gleich vier *funicolari* die Stadthügel mit dem Zentrum. Sie muten zwar etwas altmodisch an, sind jedoch praktisch und dazu noch umweltfreundlich unterwegs. Aber das Wesentliche ist: Mit keinem anderen öffentlichen Verkehrsmittel macht Mobilität so viel Spaß!

Ein Erlebnis mit schönen Panoramen ist die Fahrt mit der Funicolare di Mergellina. Gegenüber vom malerischen Hafen von Mergellina tuckert sie in wenigen Minuten hinauf nach Posillipo und überwindet dabei einen Höhenunterschied von knapp 150 Metern. Über eine Treppe geht es zu den Fahrkabinen, wo man sich am besten einen Sitzplatz direkt am Fenster sichert. Dabei ist allerdings Schnelligkeit gefragt! Nach dem Ertönen einer lauten Signalhupe schließen sich die Türen und ratternd geht die Reise los. Zwischen den Tunnelabschnitten erhaschen die Passagiere immer wieder Blicke auf den Vesuv und das Meer. Für einen gemütlichen Spaziergang steigt man einfach an der Station S. Antonio oder Parco Angelina aus und schaut sich die Umgebung an. Von der sich kurvig hinaufschlängelnden Via Orazio eröffnen sich tolle Fernsichten über die Bucht. An sonnigen Tagen ist das tiefblaue Meer mit Booten aller Art übersät, von Fähren bis zu weißen Segelschiffen und bunten Fischkuttern.

Als jüngste Standseilbahn von Neapel wurde die Funicolare di Mergellina im Jahr 1931 in Betrieb genommen, um den Anwohnern das Erreichen der Posillipo-Siedlung zu erleichtern. Heutzutage ist die Fahrt auch für Touristen ein kurzweiliges Vergnügen und ein echter Glücklichmacher für Familien mit kleinen Kindern.

- Funicolare di Mergellina, Haltestelle Mergellina an der Via Caracciolo, 80122 Neapel
- ÖPNV: U-Bahn L2, Haltestelle Mergellina, von dort 10 Minuten zu Fuß

ISCHIA
1
metronapoli

Im Zitronenparadies

57 Die Likörfabrik Limoné in der Altstadt

Der Weg ins „Land, wo die Zitronen blühn" führt durch eine schmale Gasse in der Altstadt direkt in die Likörmanufaktur Limoné. Umfangen von einem betörenden Zitrusduft taucht man dort ein in die wunderbare Welt der Liköre. In schlanken Glasflaschen schmücken ihre intensiven Farben die Regale des zugehörigen Geschäftes: orange leuchtende Crema di Melone, hellgrüner Likör aus wildem Fenchel, nachtschwarzer Likör aus Lakritze und natürlich der goldgelbe Limoncello aus sonnenverwöhnten Zitronen.

Letztere sind auch Hauptdarsteller vieler anderer delikater Kreationen. Vorbei an Körben mit verführerischer Zitronenschokolade, *Pasta al limone* und knallgelben Bonbons geht es ins *laboratorio.* Bei einer Führung kann man sich dort in die Kunst der Limoncello-Herstellung einweihen lassen. Dabei wird erklärt, dass sich das fruchtige Aroma der Zitronenschalen in den gezeigten Kesseln mit hochprozentigem Alkohol so richtig entfaltet. Die meisten Fabrikanten verwenden Zitronen aus Sorrent oder von der Amalfiküste. Limoné macht da eine Ausnahme und bezieht seine naturbelassenen Zitrusfrüchte von einem Biobauernhof in den Phlegräischen Feldern, einem fruchtbaren Vulkangebiet bei Neapel.

Ein Besuch von Limoné ist aber auch ein unerwarteter Ausflug in die jahrtausendealte Geschichte Neapels. Die Fabrik liegt innerhalb der Mauern des Dioscuri-Tempels, genau neben dem Eingang von Napoli Sotterranea. Stolz zeigt die Mitarbeiterin den alten Brunnen im Nebenraum, einst Teil des griechisch-römischen Aquädukts. Umgeben von diesen archäologischen Schätzen versteht sich Limoné als Hüter des Wissens um die antike mediterrane Tradition der Likörherstellung. Nach der Verkostung eines eiskalten Limoncello kommt man wieder im süßen Hier und Jetzt an.

Apropos süß! Der Allrounder eignet sich ebenfalls bestens als Begleiter zu neapolitanischem Gebäck wie babà. Den traditionellen Hefekuchen gibt es ebenfalls bei Limoné, in hübschen Gläsern eingelegt in – natürlich – Limoncello.

- Limoné Srl, Piazza San Gaetano 72, 80138 Neapel, Tel. +39 081 29 94 29 www.limoncellodinapoli.it
- ÖPNV: U-Bahn L1, Haltestelle Dante oder Duomo, von dort 10 Minuten zu Fuß

LIMONE
5,00€

Entspannt runterkommen

58 Auf dem Treppenweg Pedementina di San Martino

„Napule è tutta rampe“, „Ganz Neapel ist eine Treppe“, beginnt ein Gedicht von Carlo Bernari. Über 200 antike Fußwege gibt es in der Metropole, einige davon in traumhaften Panoramalagen. Jahrhundertelang waren sie die einzigen Verbindungen zwischen Hügeln und Meer. Versteckt führen die Treppen durch die Altstadt, von Capodimonte zur Küste und vom Vomero nach Mergellina.

Eine der ältesten ist die Pedementina di San Martino aus dem 14. Jahrhundert. Vom Vorplatz der Certosa di San Martino ziehen sich ihre 414 Stufen sanft den Vomero-Hügel hinunter bis zum Corso Vittorio Emanuele. In Serpentinen führt der Weg vorbei an idyllischen Klostergärten und pastellfarbenen Wohnhäusern, immer begleitet von fantastischen Aussichten. Beim gemächlichen „Treppenwandern“ kann man sich wunderbar und gänzlich auf die Umgebung einlassen, seinen Gedanken nachhängen und philosophieren. Ganz in Ruhe und abseits des Verkehrs bestimmen nur die eigenen Schritte das Tempo und der frenetische Rhythmus Neapels verlangsamt sich. Weit reicht die Sicht über das verschachtelte Häusermeer, vom Vesuv bis zur Küste von Sorrent. Zwischen den Altstadtgassen sticht sofort die dunkle Trasse von Spaccanapoli ins Auge, der „Napoli-Spalter“, gesäumt von malerischen Kuppelkirchen.

TIPP

Besser tagsüber spazieren gehen, da die Treppen nur stellenweise beleuchtet sind.

Bleibende Eindrücke entstehen, wenn die Sonne am Horizont verschwindet und die Umgebung pastellfarben schimmern lässt. Nur vereinzelt trifft man dann Menschen auf den breiten Stufen, auch wenn die Pedementina di San Martino derzeit gerade gemächlich aus ihrem Dornröschenschlaf erwacht. Denn dank kultureller Initiativen wächst das Interesse an den vergessenen Wegen wieder. Unter den Einheimischen hat sich längst herumgesprochen, dass urbanes Trekking glücklich macht. Deshalb haben sie den antiken Treppen sogar ein eigenes Event gewidmet: Beim Festival delle scale di Napoli im Dezember kann man sich an literarischen und musikalischen Treppenspaziergängen erfreuen.

- Pedementina di San Martino, 80135 Neapel
- ÖPNV: von oben nach unten: Bus V1, Haltestelle Piazzale S. Martino, U-Bahn L1, Haltestelle Vanvitelli oder mehrere Funicolari, 5 bis 15 Minuten zu Fuß

Kunst unter der Lupe

59 Im Mikrokosmos des Museodivino

Wow! Wie kann ein Mensch nur etwas so Winziges erschaffen? Mit Lupe und Taschenlampe betrachten wir gebannt Kunstwerke, die so klein sind, dass man sie mit bloßem Auge nicht erkennen könnte. Sie gehören zur außergewöhnlichen und liebevoll präsentierten Sammlung des Museodivino in Spaccanapoli. In Walnüssen, Eierschalen und Pistazien zeigt das Museum filigrane Krippen und Szenen aus Dantes Meisterwerk „Die Göttliche Komödie". Mit geschärftem Blick durchs Vergrößerungsglas entdecken wir in den Naturbehältnissen menschliche Figuren, die entzückende Landschaften und Dörfer bevölkern. In einem verblüffend dreidimensionalen Miniuniversum mit Palmen, Wasserfällen und entfernten Bergen scheinen sie ein beinahe unsichtbares Dasein zu führen.

Die winzigste Krippe versteckt sich in einem nur wenige Millimeter „großen" Hanfsamen und gilt als eine der kleinsten der Welt. Nur durch eine sehr starke Lupe sieht man die feinen Details dieses Bravourstücks. Ungläubig ruhen unsere Augen auf den Figuren von Maria und Josef, welche aus getrockneten Ölfarbtupfern geformt wurden. Auf wundersame Weise gelang es dem Künstler, ihre Gesichter auf Birnenkernchen zu zeichnen.

Im zweiten Teil der Sammlung, „La Divina Commedia", nehmen wir die Tiefen der Höllenkreise unter die Lupe. Grazile Darstellungen in Nussschalen führen durch die Sphären von Dante Alighieris epischer Dichtung, hinein ins düstere Inferno und Fegefeuer bis ins strahlende Paradies.

Genialer Schöpfer dieser zarten Werke war Don Antonio Maria Esposito (1917–2006), ein Priester aus Castellammare di Stabia. Mit seinen Arbeiten fand er einen Weg, sich in Kontemplation zu vertiefen, und lotete dabei die Grenze menschlicher Schaffensfähigkeit aus. Ohne jegliches kommerzielles Interesse erschuf er sie als spirituelle Kunst in der Einsamkeit seiner Werkstatt. Das erklärt wohl auch, warum man bei ihrer Betrachtung für eine Weile alles andere um sich herum vergisst.

- Museodivino, Via San Giovanni Maggiore Pignatelli 1B, 80134 Neapel, Tel. +39 339 4 64 00 80, www.museodivinonapoli.it
- ÖPNV: U-Bahn L1, Haltestelle Dante, von dort ca. 10 Minuten zu Fuß

Willkommen im Mittelalter

60

Auf dem Weg zum Castel Nuovo am Hafen

„Benvenuti a Napoli" scheint das Castel Nuovo am Hafen zu rufen. Wer mit dem Schiff ankommt, erkennt die stattliche Festung schon von Weitem. Wollte man eine Mittelalterburg für ein Bilderbuch malen, würde sie vermutlich genauso aussehen: dicke Steinmauern, hoch aufragende Rundtürme mit malerischen Zinnen und eine stattliche Zugbrücke. Direkt vor dem imposanten Monumentalbau fühlt man sich ziemlich klein. Bis man den Renaissance-Triumphbogen aus strahlend weißem Marmor erblickt und die Brücke überquert. Das Prachtstück ist mit grazilen Bildhauerarbeiten geschmückt, die den Einzug des Königs Alfons I. von Aragon zeigen. Beim Verweilen unter dem Bogen gibt er Reiter, Musikanten und viele fein gearbeitete Details preis. Am besten kommt man abends, wenn die Burg beleuchtet ist, und genießt bereits ausgiebig die Route dorthin. Frei nach dem entspannten Motto: „Der Weg ist das Ziel!"

Einen eindrücklichen Vorgeschmack auf die Festung gibt es in der Station Municipio der Metrò dell'arte, in welche ihre enormen Grundmauern integriert sind. U-Bahn-Arbeiten haben die Überreste des antiken Hafens von Neapolis ans Tageslicht befördert. In einer Archäologiestätte auf der Piazza Municipio sind sie voraussichtlich Ende 2022 vollständig zu sehen. Aber auch, wenn man sich der Burg zu Fuß von der Piazza Plebiscito nähert, kommt man aus dem Staunen nicht mehr heraus. Nach einem Rundgang durchs königliche Zentrum, vorbei am Palazzo Reale und dem Teatro San Carlo, befördert das opulente Bollwerk seine Gäste unerwartet ins Mittelalter. Ein kleines Überraschungsmoment, das in Erinnerung bleibt.

Doch egal, welcher Weg es sein soll: Fragt man nach dem Castel Nuovo, darf man sich nicht wundern, wenn man zum Maschio Angioinio geschickt wird. So wird die Burg von den meisten Einheimischen genannt. *Maschio* steht für den höchsten Turm einer Burg und *Angioinio* erinnert an den König Karl von Anjou. Seit er das Bauwerk im Jahr 1279 als Wehranlage errichten ließ, trotzt es standhaft allen Unruhen.

TIPP

Die Burg beherbergt das Museo Civico zur Stadtgeschichte nebst Dachterrasse mit Sicht über den Hafen.

● Castel Nuovo, Piazza Municipio, 80133 Neapel, Tel. +39 081 7 95 77 22
● ÖPNV: U-Bahn L1, Haltestelle Municipio

WHIRLPOOL

Wo sich die Fische küssen

61

Borgo Marechiaro an der Posillipo-Küste

Lust auf ein paar unvergessliche Stunden zu zweit? Dann ist das ehemalige Fischerdorf Marechiaro genau das richtige Ziel! Seine malerische Umgebung gepaart mit romantischen Legenden und Mythen macht es zum idealen Ort für ganz besondere Momente. An der wunderbaren Küste von Posillipo besticht das Dorf mit Aussichten bis Capri und gilt unter Einheimischen als eines der schönsten Refugien für Verliebte in Neapel.

Seine Bekanntheit verdankt es ebenfalls den renommierten Restaurants mit herrlichen Meerterrassen. Für Paare sind sie perfekt, um ihre Zweisamkeit bei einem Candle-Light-Dinner zu zelebrieren (von den gehobenen Preisen mal abgesehen). Bei Sonnenuntergang schwelgen sie in einmaligen Panoramen, bis es dunkel wird und die Mondstrahlen ins Meer eintauchen. „Wenn der Mond über Marechiaro aufgeht, lieben sich sogar die Fische" lautet die erste Strophe des neapolitanischen Liedes „A Marechiaro". Nach einer Erzählung war es das *fenestella,* ein kleines Fenster unten am Wasser, welches den Dichter Salvatore di Giacomo im Jahr 1886 zum Schreiben dieses berühmten Klassikers inspirierte. Vom kleinen Strand erkennt man es an einer Tafel aus weißem Marmor, auf der Musiknoten und ein Textauszug eingraviert sind.

TIPP

Der Weg zurück zur Bushaltestelle ist etwas anstrengend. Bei Hitze ist ein Taxi empfehlenswert.

Als das romantische Dorf in den 1960ern etliche Hollywood-Stars anzog, wurde das Fenster zum Symbol des Dolce Vita. Ebenso wie der goldfarbene *scoglione di Marechiaro,* ein vom Meer glatt geschliffener Felsen in einer ursprünglichen Naturlandschaft. Erreichbar ist die außergewöhnliche Badestelle in wenigen Minuten mit einem Fischerboot, das am Ende der Calata di Ponticello abfährt. Ausgestattet mit Picknickkorb, Sonnenschirm und Strandlaken lässt man den Alltag dort komplett hinter sich. Und taucht ein ins klare azurblaue Wasser, für das die Bucht bekannt ist und was bereits ihr Name verrät – Marechiaro!

- Borgo Marechiaro, Via Marechiaro, 80123 Neapel, www.borgomarechiaro.it
- ÖPNV: Bus 140, Haltestelle S. Strato, von dort ca. 20 Minuten zu Fuß (1 km bergab)

Bitte aussteigen!

62 Kunst in der U-Bahn-Station Toledo

Manchmal liegt das Glück dort, wo es niemand vermutet: in einer U-Bahn-Station. Schon bald nach ihrer Eröffnung sind die Kunststationen der U-Bahn von Neapel zu Sehenswürdigkeiten avanciert. Als frei zugängliche „Museen" überraschen die Haltestellen der Linien 1 und 6 mit einzigartigen Meisterwerken zeitgenössischer Kunst.

Fragt man Neapolitaner nach ihrem Favoriten unter den *stazioni dell'arte*, sind sich alle schnell einig: „La Stazione Toledo è la più bella!" Der Daily Telegraph und das CNN setzten noch eins obendrauf und wählten sie gleich zur schönsten U-Bahn-Station Europas. Tatsächlich ist dem spanischen Architekten und Maler Oscar Tusquets Blanca mit der Station Toledo ein architektonisches Glanzstück gelungen. Unzählige Mosaiksteinchen in allen Blautönen erschaffen eine surreale Ozean-Atmosphäre und machen die Rolltreppenfahrt auch für Einheimische immer wieder zum Erlebnis. „Che bella emozione!", hört man Passanten rufen, während sie dabei zum Crater de luz hinaufschauen. Der Kegel mit über 100 LED-Lämpchen ist das Herzstück der ausgefallenen Station und durchquert sie von oben bis unten. Von der Straße lässt er die goldenen Sonnenstrahlen einfallen und schafft eine Verbindung zur Außenwelt. Immer wieder schaut man fasziniert hoch zu seiner Öffnung, umhüllt vom Gefühl, durchs Meer zu gleiten. Bis zum Gleis fährt man mit der Rolltreppe durch verschiedene Ebenen, die von der mehrschichtigen Bauweise Neapels inspiriert sind. An ihre auf weichem Tuffstein erbauten Häuser erinnert ein warmer Gelbton. Unten angekommen, vermitteln die Wellen auf dem beleuchteten Wandpanel „By the sea … you and me" von Robert Wilson den Eindruck, als sei man auf den Meeresboden abgetaucht.

Die Fahrt durch die Stationen der *Metro dell'Arte* ist wie eine Reise durch ein unterirdisches Kunstmuseum. Zu den schönsten Stationen gehören Dante mit dem Panel von Jannis Kounellis, Museo mit der Reproduktion des Herkules Farnese und Duomo mit dem antiken Tempel der Isolympischen Spiele.

- Stazione Toledo, Eingang Via Toledo, 80133 Neapel
- ÖPNV: U-Bahn Linie 1, Haltestelle Toledo

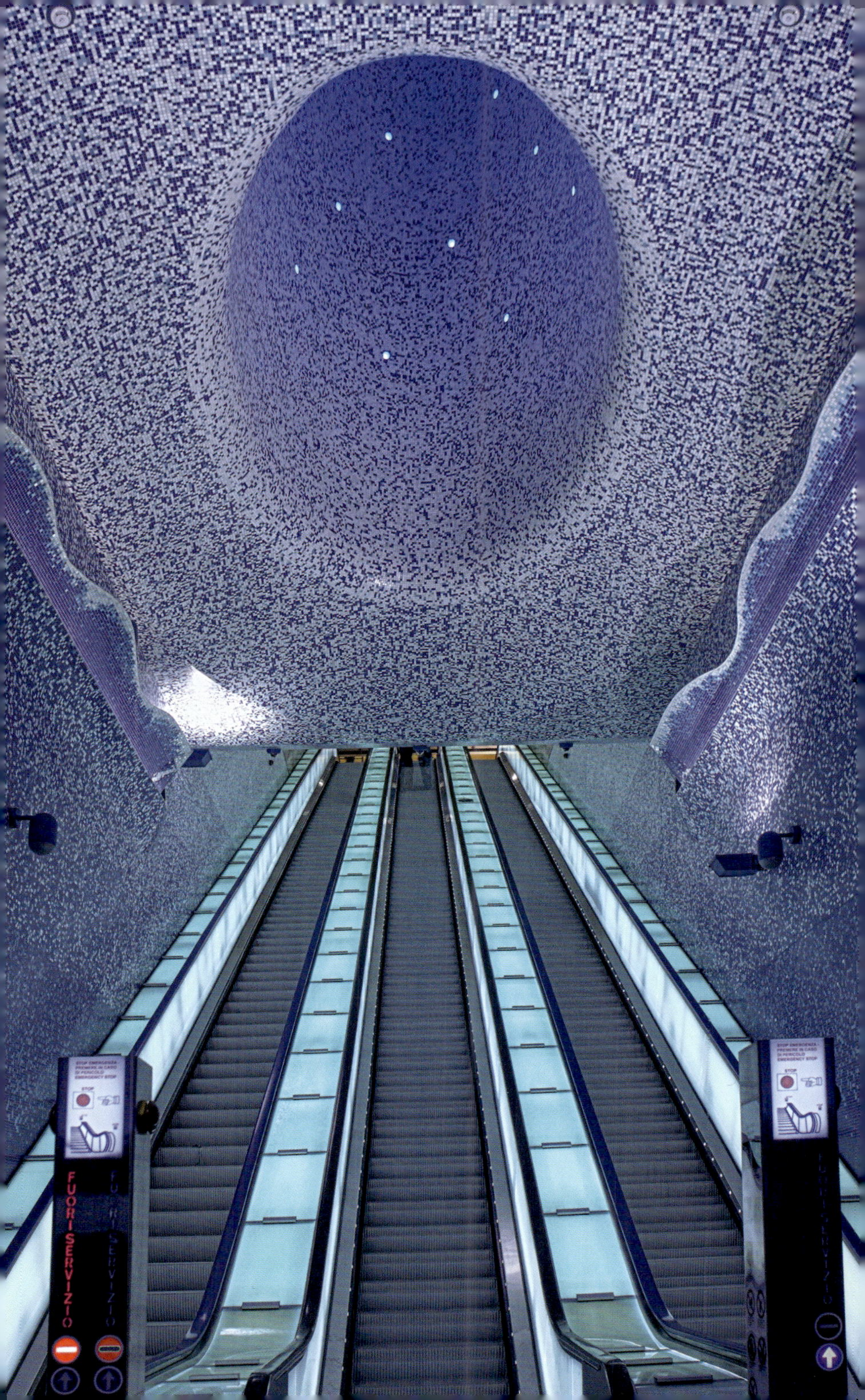
FUORI SERVIZIO
STOP

Forza Napoli sempre!

63 Torjubel im Stadio Diego Armando Maradona

Für Fans des SSC Napoli ist das Fußballstadion im Stadtteil Fuorigrotta wahrscheinlich der bedeutendste Glücksort der Stadt. Vorausgesetzt, dass die *Azzurri* gewinnen! Der Traditionsverein ist bekanntermaßen eine der größten Leidenschaften der fußballverrückten Neapolitaner. Alle Fans fiebern mit, wenn der SSC Napoli spielt – erst recht, wenn es ein Heimspiel im Stadion Diego Armando Maradona ist. Und auch fußballbegeisterte Urlaubsgäste nutzen voller Vorfreude die einmalige Gelegenheit, bei einem Spiel dabei sein zu können. Die fantastische Stimmung sorgt für unvergessliche *emozioni azzure* und Gänsehautmomente. Sie ist oft so überbordend, dass sie den Anwohnern in der Nachbarschaft der Sportarena einen echten „Heimvorteil" verschafft: Weil sie bei einem Tor des SSC Napoli den Boden vibrieren spüren, kennen sie immer den aktuellen Spielstand. Das liegt zum einen an den tosenden Fans, zum anderen am Zustand des in die Jahre gekommenen Gebäudes. Vor einiger Zeit wurde es endlich renoviert und bekam ein „Restyling". Dabei hat sich die Zahl der Plätze des einst größten Fußballstadions Italiens von etwa 85.000 auf knapp 55.000 verringert. Doch das tut dem Spirit im Stadion mit dem Namen einer der größten Fußballstars aller Zeiten keinen Abbruch. Seitdem der Verein in den 1980ern mit Diego Maradona erstmals die italienische Fußballmeisterschaft gewann, genießt der Argentinier Kultstatus und wird von vielen Napoli-Fans fast wie ein Heiliger verehrt. Manche waren damals so aus dem Häuschen, dass sie ihre neugeborenen Jungs Diego tauften! Maradona zu Ehren gibt es in der Altstadt Votivaltäre und in der Bar Nilo sogar einen Schrein mit einem seiner Haare. So war es naheliegend, das Stadion nach seinem Tod 2020 unverzüglich umzubenennen: von Stadio San Paolo (nach dem heiligen Paulus) in Stadio Diego Armando Maradona. In Gedenken an die Fußballlegende ist im Stadion ein Maradona-Museum geplant, auf das man schon gespannt sein darf.

● Stadio Diego Armando Maradona, Piazzale Vincenzo Tecchio, 80125 Neapel
● ÖPNV: U-Bahn L2, Haltestelle Napoli Campi Flegrei, S-Bahn Cumana, Haltestelle Mostra-Stadio Maradona

DISTINTI INFERIORE
INGRESSO RISERVATO
AI POSSESSORI
DI ABBONAMENTO

Tradition und Gourmet

64 Zu Gast in der Pizzeria 1906 Imperatore

Mehl, Wasser, Hefe und Salz genügen, um eines der besten Gerichte der Welt zu zaubern: Pizza. Nirgends weiß man das besser als im historischen Zentrum von Neapel, wo es die ältesten Pizzerien der Stadt gibt. Einige von ihnen haben längst Kultstatus erlangt und man erkennt sie schon von Weitem an Warteschlangen vor dem Eingang. Oft ist dort so viel los, dass man eine Nummer ziehen und sich auf längeres Anstehen einstellen muss. Für alle, die diesem touristischen Trubel entkommen und trotzdem eine ausgezeichnete Pizza kosten möchten, lautet die Lösung: 1906 Imperatore.

Die familiengeführte Pizzeria liegt nur wenige Gehminuten von Spaccanapoli entfernt, in der Nähe des Doms und des gigantischen Fassadengemäldes San Gennaro. Ohne Eile kann man dort authentische neapolitanische Pizza kosten und spürt schon beim Eintreten in den heimeligen Innenraum aufkeimende Glücksgefühle. An den Tischen vor dem Holzofen bietet sich die Gelegenheit, dem kunstfertigen Pizzabäcker bei der Arbeit zuzuschauen. Mit Leidenschaft knetet und belegt er großzügig den Teig, bevor er ihn mit Schwung in den Ofen schiebt. Die Hingabe an seinen Beruf spiegelt sich 1:1 in der vorzüglichen Pizza wider, die einen weichen Boden und hohen Rand hat.

Zum perfekten Geschmackserlebnis tragen frische Zutaten von höchster Güte bei, von aromatischen Biotomaten bis zu Provola-Käse aus Vico Equense. Weil sich die Pizzeria dem „antiken Geschmack mit einem Hauch Modernität“ verschrieben hat, bietet sie neben traditionellen Klassikern auch innovative hauseigene Gourmet-Kreationen an. Und leckere Antipasti wie *L'oro d'Imperatrice* mit frittierten Spezialitäten aus der Traditionsküche der Familie Imperatore. Schon seit über 100 Jahren erfreut sie die Gaumen der Neapolitaner in ihren *rosticcerie* (Imbisslokalen) mit warmen Speisen. Seit einigen Jahren wird ihre gastronomische Familientradition um die Pizzeria Imperatore 1906 bereichert. Ein echter Glücksfall!

● Pizzeria 1906 Imperatore, Via Duomo 218, 80138 Neapel, Tel. +39 081 5 54 67 89
● ÖPNV: U-Bahn L1, Station Duomo

Theater unterm Bett

65

Abstieg ins antike Teatro Greco-Romano

Eigentlich sieht die kleine Wohnung im Erdgeschoss des pittoresken Vico Cinquesanti aus wie ein ganz normales Zuhause. Ein typisches *basso* mit einem alten Herd, Schränken, einer Nähmaschine, Bildern an den Wänden und einem Bett. Nichts Außergewöhnliches, doch was sich da unter der Schlafstätte verbirgt, ist eine echte Sensation. Während der Besichtigung schiebt die Gästeführerin der Associazione Napoli Sotterranea geübt das Bett zur Seite und öffnet mithilfe eines verblüfften Teilnehmers die schwere Falltür darunter. Sie gibt den Weg frei zu einer Kellertreppe, über die man in ein griechisch-römisches Theater aus dem 1. Jahrhundert v. Chr. gelangt! Überbaut von Wohnhäusern erstreckt es sich mitten in der Altstadt.

Sofia, die einstige Bewohnerin, wusste jedoch nichts von dem Geheimnis unter ihrem Bett. Ein Erdhügel im Keller versperrte den Weg dorthin und so gab sie sich damit zufrieden, ihre Weinflaschen im kühlen Tuffstein am Fuß der Treppe zu lagern. Nicht ahnend, dass sich ein paar Meter weiter vor 2000 Jahren die Umkleidekabine des römischen Kaisers Nero befand!

Beim Spazieren durch die Theatergänge vermischen sich Vergangenheit und Gegenwart auf faszinierende Weise. Beispielsweise zeigt sich mitten in der antiken Anlage plötzlich das Badefenster einer darüberliegenden Wohnung, quasi als ob man sich in der Zeit verirrt hätte. Praktischerweise lässt sich die spannende Führung durchs unterirdische Teatro mit der Besichtigung von Napoli Sotterranea verbinden, denn sie erfolgt im Anschluss daran.

Das beflügelnde Gefühl, sich in zwei Parallelwelten zu bewegen, stellt sich auch bei der Betrachtung des oberirdischen Amphitheaters Teatro Romano di Neapolis ein. Für jeden frei zugänglich in einem Innenhof ist es in der Altstadt über die Via S. Paolo erreichbar. Dort gewinnt der bekannte Satz „Napoli è un teatro all'aperto" („Neapel ist ein Theater unter freiem Himmel") gleich noch mal an Bedeutung.

TIPP

Im Gewölbe des Theaters ist ebenfalls eine fabelhafte Krippenausstellung zu sehen.

● Teatro Greco-Romano, Vico Cinquesanti, 80138 Neapel
Eintrittskarte nur bei Napoli Sotteranea, Piazza S. Gaetano 68, 80138 Neapel, Tel. +39 081 29 69 44, www.napolisotterranea.org
● ÖPNV: U-Bahn L1, Haltestelle Dante oder Duomo, von dort 10 Minuten zu Fuß

Neapels Schokoladenseite

66 Süße Verführung in der Cioccolateria Gay Odin

Schokolade macht glücklich, so heißt es. Stimmungsaufhellende Stoffe im Kakao sollen dafür verantwortlich sein. Doch warum stellen sich dann schon Glücksgefühle ein, wenn man nur mal kurz am bittersüßen Gelato *Fondente con fave di cacao* schleckt? Liegt es an der auf der Zunge dahinschmelzenden Schokolade aus naturbelassenen Zutaten? Oder ist das Geheimnis die liebevolle Hingabe, mit der sich die Cioccolateria Gay Odin ihrer Kunst widmet? Fest steht jedenfalls, dass ihre Schokoladenkreationen echte Glücklichmacher sind – und das schon seit über 100 Jahren. Damals kam der junge Chocolatier Isidoro Odin voller Hoffnungen nach Neapel, um die Bewohner mit seinen außergewöhnlichen Schöpfungen zu verführen. Mit der Eröffnung einer Schokoladenfabrik hinter der Via dei Mille kam schließlich der große Erfolg. Noch heute kann man dort die Magie der Schokoladenherstellung erleben (Reservierung erforderlich!).

Mittlerweile hat Gay Odin mehrere Geschäfte, die mit ideenreichen Kreationen in allen Formen locken: Tafeln mit Peperoncino oder Pistaziengeschmack, Torrone, feinste Trüffel, Haselnusscreme, köstliche Pralinen und dunkler Schokolikör. Das absolute Highlight und Spezialität des Hauses ist jedoch *Cioccolato foresta,* ein „Baumstamm" aus leichten Schokoladenblättern, der sofort zart im Mund zergeht. Unwiderstehlich! Fast zu schade zum Essen ist dagegen die Kreation Vesuvio mit Gianduia-Creme, eine Hommage an das feurige Symbol der Stadt. Wir besuchen den charmanten Laden an der Fußgängerzone in der Via Toledo 214, wo uns die Regale mit schmucken Glasdosen und nostalgischen Verpackungen ins 19. Jahrhundert versetzen. Die hübschen Pralinenschachteln sind mit gemalten Ansichten des antiken Neapels verziert und wirken wie kleine Meisterwerke. Bei der Suche nach einem wahrhaft geschmackvollen Geschenk wird hier garantiert jede und jeder fündig.

- Cioccolateria Gay Odin srl, Via Toledo 214, Fabrik: Via Vetriera 12, 80132 Neapel, www.gay-odin.it
- ÖPNV: Laden in der Via Toledo 214: U-Bahn L1, Haltestelle Toledo

NAPOLI
SI AVVERTE LA GENTILE CLIENTELA
CHE IL CIOCCOLATINO "ALBANESE"
CONTIENE AL SUO INTERNO
CILIEGIA INTERA
CON NOCCIOLO

67 Krippenkunst in der Via San Gregorio Armeno

In der Krippenstraße von Neapel werden Kinderträume wahr. „Darf ich mit den Figuren spielen?" „Guck mal da, eine Minipizzeria ..." Aber nicht nur die Kleinen sind fasziniert von den *presepi* in der Via San Gregorio Armeno. In der Weihnachtszeit spazieren Tausende Besucher aus aller Welt durch die Altstadtgasse, in der sich Dutzende Krippengeschäfte aneinanderreihen. Umgeben von einem magischen Lichtermeer bewundern sie die handbemalten Tonfiguren, die sich zwischen Wasserfällen und moosgesäumten Grotten tummeln. Im Januar wird es dann wieder ruhiger und man kann den Krippenbauern bei der Arbeit über die Schulter schauen. Ihre Läden sind das ganze Jahr über geöffnet.

Die neapolitanische Krippe erinnert ein bisschen an eine Puppenstube und weckt selbst bei den Großen das Verlangen, mit den Figuren zu spielen. Die wertvollsten tragen liebevoll genähte Kleider und stehen hinter Vitrinen, etwa bei Marco Ferrigno mit der Hausnummer 8. Schon seit Generationen hat sich seine Familie der Kunst des Krippenbaus verschrieben. Diese Tradition reicht zurück bis ins 18. Jahrhundert, als die Krippen aus den Klöstern ihren Weg in die Wohnzimmer der Adeligen fanden. Detailverliebt spiegeln sie deren Vorstellung vom Alltag des neapolitanischen Volks jener Zeit wider: In der Osteria wird mit Wein das Leben gefeiert und unter einem Baum hält ein Schäfer sein Nickerchen, während zwei Wäscherinnen gestikulierend miteinander plaudern. Dazwischen bahnen sich die Heiligen Drei Könige ihren Weg zur *Grotta del Mistero* mit dem Jesuskind. Obgleich Protagonist dieser Inszenierung, tritt es inmitten dieses prallen Lebens in den Hintergrund. Neapolitanische Familien lieben es, ihre Krippen selbst zu fertigen und jedes Jahr zu erweitern. Wer Lust bekommt, es ihnen gleichzutun, findet in den Läden „Ausbaukrippen" und Zubehör, vom flackernden Pizzaofen bis zum Minigemüsestand. Neben Kunsthandwerk wird auch allerhand Skurriles angeboten, wie Karikaturen von Politikern oder Sportlern.

TIPP

Das zur Kirche S. Gregorio Armeno gehörende Kloster (Hausnr. 44) lockt mit einem verträumten Innenhof.

● Via San Gregorio Armeno, 80138 Neapel

● ÖPNV: U-Bahn L1, Haltestelle Dante oder Duomo, von dort ca. 10 Minuten zu Fuß

DI VIRGILIO
LA VERA TOMBOLA DI SAN GREGORIO ARMENO

Lustwandeln im Grünen

68 Der Schlosspark Real Bosco di Capodimonte

Noch schnell den Picknickkorb mit Antipasti vollpacken und ab geht's in den herrlichen Schlosspark von Neapel. Mit weitläufigen Wiesen und Gärten umrahmt die enorme Anlage den prächtigen Königspalast Reggia di Capodimonte. Als grüne Lunge und Frischluftspender ist sie für die Großstadt von unschätzbarem Wert. Verträumte Alleen führen von der Porta di Mezzo in einen ursprünglichen Wald, der zu ausgedehnten Spaziergängen oder Radtouren einlädt. Im Schatten von jahrhundertealten Steineichen und Zypressen kann man in diesem üppigen Grün tief durchatmen und Entschleunigung erleben. Immer wieder blitzen zwischen verschlungenen Wegen Statuen, plätschernde Brunnen und historische Gebäude aus dem 18. Jahrhundert hervor, wie das von einem duftenden Zitrusgarten umsäumte Casino della Regina.

TIPP

Im Park am Casino dei Principi serviert das Stufa dei fiori, Tisaneria und Bistrot, duftenden Tee und kleine Speisen.

Angelegt im Jahr 1734 als königliches Jagdrevier ist der Schlosspark heute ein Ort der Regeneration für alle, Städteurlauber inbegriffen. Letztere entdecken ihn oft zufällig nach der Besichtigung des Museo di Capodimonte im Königspalast. An der prachtvollen Fontana del Belvedere genießen sie zwischen hohen Palmen das unvergleichliche Panorama über die Kuppelkirchen der Stadt bis nach Capri. Selbst die Punta Campanella, das äußere Ende der Halbinsel von Sorrent, ist von hier sichtbar!

Für einen kleinen Spaziergang nach dem Museumsbesuch ist der Park wie geschaffen, doch ist er auch ein eigenes Ausflugsziel für ausgedehntere Mußestunden. Obendrein eins mit einem reichen botanischen Erbe und Hunderten Pflanzenarten, wie duftendem Eukalyptus, blühenden Magnolien und Kamelien. Unter der neuen Parkverwaltung hat er eine erfreuliche Aufwertung erfahren und ist besonders für Familien eine willkommene Bereicherung. Es gibt jetzt Bereiche mit Picknicktischen, Fußballfelder, Spielplätze und sogar eine Wiese für Vierbeiner. Rasch verfliegt so die Zeit im Real Bosco di Capodimonte, der nicht ohne Grund schon einmal zum schönsten öffentlichen Park Italiens prämiert wurde.

- Real Bosco di Capodimonte, Via Miano 2, 80131 Neapel, Tel. +39 081 7 49 91 11
capodimonte.cultura.gov.it
- ÖPNV: Bus 3M, Haltestelle Porta Miano oder Porta Piccola

Tanz auf dem Vulkan

69

Ausflug zum Krater des Vesuvs

Einmal in den Schlund eines Vulkans blicken, das ist der Traum vieler Menschen! Nur wenige Kilometer entfernt von Neapel kann man sich ihn erfüllen. Es braucht dazu nur einen wolkenlosen Himmel und Lust auf Bewegung. Das letzte Stück vom Parkplatz führt nämlich über einen ansteigenden Wanderweg. Doch die Anstrengung ist dank der spektakulären Fernsicht über das glitzernde Meer und Pompeji gut zu bewältigen.

Schweifen die Gedanken beim Aufstieg allerdings zum einstigen Schicksal der antiken Stadt, beginnt das Herz gleich noch schneller zu klopfen. Ist man dann schließlich am staubgrauen Kraterrand angekommen, blickt man ehrfürchtig in den riesigen Schlund. Überraschenderweise wirkt der gar nicht so bedrohlich, von brodelndem Magma weit und breit keine Spur. Nur an manchen Stellen steigt ein bisschen Dampf auf, hier und da riecht es nach Schwefel.

TIPP

Die Online-Eintrittskarte schon vor dem Besuch herunterladen. Auf dem Vesuv gibt es kein Internet.

Der Eindruck eines friedlich vor sich hin schlummernden Berges ist jedoch trügerisch. Denn obwohl seine das antike Pompeji zerstörende Eruption schon fast 2000 Jahre zurückliegt, gilt der Vesuv weltweit als einer der gefährlichsten Vulkane. Aber so malerisch, wie er sich da im grünen und fruchtbaren Parco Nazionale del Vesuvio erhebt, kann man sich das kaum vorstellen. Doch in den vergangenen Jahrhunderten erwachte er immer wieder aus seinen Träumen, zuletzt 1944.

Seitdem schläft der *gigante buono,* der „gute Riese“, wie ihn die Neapolitaner freundlich betiteln. Für sie ist der von überall weithin sichtbare Feuerberg ein täglicher Begleiter, dessen majestätischer Anblick untrennbar mit ihrem Leben verbunden ist. Und sie wissen natürlich, dass er engmaschig vom Osservatorio Vesuviano überwacht wird. „Aber haben die Bewohner der umliegenden Dörfer nicht Angst, direkt unterhalb eines Vulkans zu leben?“, erkundigen sich viele Urlaubsgäste. „Nein“, antwortet eine Bekannte aus San Sebastiano al Vesuvio lächelnd. „Wir leben gerne hier, seit Generationen. Und Angst? Die verhindert doch nicht den Tod, nur das Glück im Hier und Jetzt!“

- Cratere del Vesuvio, Parkplatz auf 1000 Meter Höhe: Piazzale di Quota 1000, 80056 Ercolano. Info: Ente Parco Nazionale del Vesuvio, Tel. +39 081 8 65 39 11 www.parconazionaledelvesuvio.it
- ÖPNV: Circumvesuviana ab Neapel Hbf. bis Pompei Villa dei Misteri, EAV-Bus bis zur Piazzale

Straßenmarkt mit Panorama

70 Spaziergang über den Mercatino di Posillipo

Wo gehen die Signore des schicken Stadtteils Posillipo im Frühling am liebsten einkaufen? Natürlich auf „ihrem" Markt, dem Mercatino di Posillipo! Bei einer luftigen Meeresbrise schlendern sie zwischen Ständen mit Vintage-Accessoires, Designer-Mode und trendigen Schuhen. Voller Vorfreude auf den Sommer begutachten sie leichte Kleider und bunte Pareos, die unter Zeltdächern im Wind flattern. In aller Ruhe wird geschaut und geplaudert, eilig scheint es hier kaum jemand zu haben.

Zu dieser gelassenen Atmosphäre trägt sicher auch die schöne Lage des Marktes auf dem Capo Posillipo bei, dem äußersten Zipfel von Neapel. Dort ziehen sich jeden Donnerstag von morgens bis mittags über 100 Stände bis vor die Tore des *Parco Virgiliano,* prall gefüllt mit preiswerten Outfits renommierter Labels, reduzierten Handtaschen und feinen Stoffen. Nicht ohne Grund nennen die Einheimischen den Markt *mercatino di lusso,* Luxusmarkt. Hübsches Geschirr gibt es hier ebenso wie duftende mediterrane Blumen! Farbenfroh schmücken sie die Tische der Floristen und verbreiten zu jeder Jahreszeit Frühlingsgefühle. Das Meer ist nicht weit entfernt, das verraten die elegant vorbeischwebenden Möwen. Immer wenn die Augen es zwischen Kleiderständern glitzern sehen, macht das Herz kleine Freudensprünge. Schlendert man ein Stück auf den Gehwegen hinter den Ständen, werden daraus richtig große Glückssaltos. Auf einer Seite sieht man von dort nämlich den Vesuv und die sanften Hügel der Penisola Sorrentina, die ihren Arm weit in den Golf streckt. Weiter oben, kurz vor dem Park, zeigt sich ein wunderschönes Panorama bis zum Capo Miseno, nach Baia und Ischia. Übertroffen wird dieser Ausblick nur vom Belvedere im verträumten Parco Virgiliano, der zum Spazierengehen unter schattigen Pinien einlädt. Wer sich ein bisschen ausruhen möchte, gönnt sich auf der Panoramaterrasse des Lucrezio Cafè einen Espresso oder ein lecker belegtes Panino. Die Bar liegt gleich gegenüber, in der Kurve am oberen Ende des Markts.

● Mercatino di Posillipo, Viale Virgilio, 80123 Neapel

● ÖPNV: Bus 140, Haltestelle Discesa Coroglio-Istituto Denza, von dort 10 Minuten zu Fuß, Bus C21, C31, Haltestelle Manzoni-Virgiliano

Purer Veggie-Genuss

71

Ristorante Amico Bio Napoli – Un Sorriso Integrale

Vegetarisch, vegan und garantiert bio! Im ältesten Veggie-Restaurant Neapels gibt es leckere Spezialitäten aus selbst angebautem Gemüse, zubereitet nach mediterraner Art. Seit über 20 Jahren kommt im Amico Bio Napoli – Un Sorriso Integrale das beste Gemüse der Saison frisch auf den Tisch. Das schmeckt man! Angebaut wird es in der Region auf der hauseigenen Biofarm, die mit ihrer Arbeit zum harmonischen Leben des Menschen im Einklang mit der Natur beitragen möchte.

Ganz in der Nähe der schönen Piazza Bellini erfreut sich das Restaurant einer ausgezeichneten Lage. Ein wohliges Gefühl stellt sich schon beim Durchschreiten des schattigen Bogengangs ein, der in einen lauschigen Innenhof führt. Unter einer überdachten Terrasse kann man dort draußen speisen, ein Vorzug, den sonst nur wenige Lokale in der Altstadt bieten können. Rustikale Holztische und ein blau-weiß gemusterter Fliesenboden verbreiten drinnen ein fröhlich-mediterranes Flair.

TIPP

Nah am Meer in der Via Mergellina 2 gibt es ein weiteres Amico-Bio-Restaurant.

Die umfangreiche Speiseauswahl ändert sich jeden Tag, je nachdem, was das Feld gerade hergibt. Was tagsüber frisch geerntet und später in der Küche zum Gaumengenuss verwandelt wird, kündigen appetitlich präsentierte Gemüsekisten an. Am besten startet man die kulinarische Reise durch die pflanzliche Kochkunst mit dem *Piatto Unico,* einem Teller mit feinen Gemüsespezialitäten. Um ein Schüsselchen mit Eintopf sind bunte saisonale Köstlichkeiten angeordnet, wie Risotto mit Zucchini, gebackene Kartoffeln, *tortina* mit Kürbis und *friarielli,* ein in Neapel äußerst beliebtes Gemüse mit bitterer Geschmacksnote. Danach locken der mit Zwiebeln zubereitete *Seitan alla veneziana* oder *Tofu alla pizzaiola,* eine gelungene Veggie-Abwandlung eines neapolitanischen Fleischrezepts mit Tomatensoße. Zum krönenden Abschluss zaubern leckere Dessert-Kreationen wie Schokoladen-Soufflé den Gästen ein glückliches Lächeln (*sorriso*) aufs Gesicht.

- Ristorante Amico Bio Napoli – Un Sorriso Integrale, Vico S. Pietro A Maiella 6, 80138 Neapel, Tel. +39 081 45 50 26, www.sorrisointegrale.com
- ÖPNV: U-Bahn L1, Station Dante

RISTORANTE

Schön schlummern

72 The Bellini House Bed & Breakfast

In der Altstadt von Neapel gibt es eine Menge zu entdecken, schließlich gehört sie zum UNESCO-Weltkulturerbe. Unterwegs in Museen, Kirchen und Geschäften vergisst man dort schon mal die Zeit. Bis die Füße ihre verdiente Auszeit anmelden und den Weg zurück in die Bleibe suchen. Wäre es jetzt nicht wunderbar, den Tag entspannt auf einer Terrasse mit Blick ins Grüne ausklingen zu lassen?

Im Bellini House lässt sich dieser Wunsch erfüllen. Mitten im Zentrum an der Piazza Bellini ist dieses hübsche Boutique-B&B eine unverhoffte und friedliche Oase der Ruhe. Besonders wohltuend ist es, auf der Veranda mit Aussicht auf einen üppigen mediterranen Garten zu verweilen. Vor seiner malerischen Kulisse lässt man den Tag bei einem Glas Wein Revue passieren und bemerkt dabei gar nicht, dass auf der rückseitigen Piazza gerade das Nachtleben vibriert. Nur ein paar Schritte vor die Tür und schon ist man mittendrin! Ausgehtipps, auch für Lokale abseits des Mainstreams, gibt's beim freundlichen Personal. Oder man genießt den Abend in der Lounge, wo man sich völlig ungezwungen bewegen kann: in Kunstmagazinen stöbern, entspannt ein Buch lesen oder mit Gästen ins Gespräch kommen. Dank der zentralen Lage kann man sich spontan, je nach Lust und Laune, für das eine oder andere entscheiden. Spaccanapoli, Via Toledo – viele Orte lassen sich von hier bequem zu Fuß entdecken.

Die Zimmer wurden von Künstlern gestaltet – jedes erzählt eine eigene Geschichte. In denen, die zur Veranda hinführen, wird man morgens von fröhlichem Vogelgezwitscher und Blick über den sattgrünen Garten begrüßt. Eine sanfte Brise Landgefühl im Herzen der Altstadt! Danach darf man sich aufs feine Frühstücksbüfett mit Bioprodukten, hausgemachter Marmelade, lokalem Gebäck und frisch gedörrten Früchten freuen. Bei Sonnenschein schmeckt es auf der Terrasse gleich doppelt so gut, an kühlen Tagen kuschelt man sich drinnen auf einem Sessel ein.

● The Bellini House Bed & Breakfast, Via Santa Maria di Costantinopoli 94, 80138 Neapel, Tel. +39 081 44 60 09, www.houseinnaples.it
● ÖPNV: U-Bahn Linie 1, Station Dante

Neapel auf zwei Rädern

73

Panorama-Radeln entlang der Küste

Es stimmt: Der Verkehr in Neapel ist chaotisch! Sich spontan aufs Rad zu schwingen, kann für Nicht-Ortskundige ein ungewollt abenteuerliches Erlebnis werden. Rote Ampeln gelten nur als Empfehlung, *motorini* erscheinen plötzlich wie aus dem Nichts und statt Verkehrsregeln gilt eine Art Intuitionsmodus. Doch zum Glück gibt es die ausgewiesene *pista ciclabile* an der Promenade, einen etwa 3,5 Kilometer langen Radweg bis Mergellina. Er ist flach und auch für Ungeübte wie geschaffen. Unterwegs erlebt man ein Feuerwerk an schönen Aussichten und kommt vorbei an historischen Bauten.

Den Auftakt bildet ein kleiner Panoramapark in der Via Cesario Console, hinter der Piazza del Plebiscito. Gleich um die Ecke beginnt schon der Radweg am Lungomare di Santa Lucia. Anfangs ist man in Gesellschaft des Vesuvs und kommt vorbei an einem Belvedere mit Chalets. Bereits nach ein paar Metern auf dem Sattel verlockt es zum Anhalten und Warme-Taralli-Futtern. Nach dem Barockjuwel Fontana del Gigante radelt man auf der autofreien Via Partenope weiter, passiert den Borgo Marinari und Dutzende Straßencafés. Sonntagvormittags ist hier noch weniger los, eine günstige Zeit für die Tour. Mit Sonne und frischer Seeluft im Gesicht geht's auf der Promenade bis nach Mergellina, wo der Radweg endet. Zurück fährt man gemütlich durch den Park Villa Comunale unter Palmen, Pinien und Eukalyptusbäumen, vorbei am ältesten Aquarium Europas.

Lust auf weitere Panoramen? Von Mergellina führt die Via Posillipo etwa 5 Kilometer bergauf bis zum Virgiliano-Park. Der Ausblick von dieser Straße ist einmalig! Langsam entfernt sich der Stadttrubel, während man eine meilenweite Sicht übers Meer genießt. Allerdings – und das ist wichtig – fährt es sich auf dieser teils engen Straße ohne Radspur wesentlich relaxter und sicherer in Begleitung eines Guides. Möchte man den Ausflug also ausdehnen, vielleicht sogar bis zur Küste von Pozzuoli, empfiehlt sich die Teilnahme an einer geführten E-Bike-Tour!

TIPP

Leihräder und geführte Touren findet man zum Beispiel unter www.napolibike.com und www.neapolisolare.it.

● Via Cesario Console–Via Nazario Sauro – Via Partenope – Via Caracciolo bis Mergellina – Via Posillipo

Refugium unter Palmen

74

Mußestunden im Orto Botanico di Napoli

Schillernde Grüntöne überall! An heißen Sommertagen fühlt man sich im Orto Botanico di Napoli wie in einem exotischen Land. Hohe Palmen, duftende Orangen- und Zitrusplantagen, blühende Orchideen und Baumfarne machen einen Besuch zum Genuss für die Sinne. Sanft plätschernde Springbrunnen und Bänke laden zum Verweilen ein. Obwohl das Naturparadies sich an der belebten Via Foria erstreckt, ist es ein idealer Rückzugsort. Keine Hast, nur die Melodie der Natur. Besonders für Familien ist ein gemütlicher Bummel durch die weitläufige Anlage eine echte Wohltat. Kinder genießen es sichtlich, sich auf den schattigen Wegen frei bewegen zu können und dabei noch nie gesehene Pflanzen zu entdecken. Speziell die fleischfressenden Exemplare stoßen auf helle Begeisterung.

TIPP

Der Eintritt ist kostenlos, aber für einen Besuch muss man sich vorher ankündigen.

Seine bedeutenden Pflanzensammlungen machen den Botanischen Garten von Neapel zu einem der wichtigsten in Europa. Tausende Arten von Gräsern, Sträuchern und Bäumen werden hier angebaut, unter freiem Himmel und in Gewächshäusern. Pink blühende Kamelien, duftende Heilkräuter und dazwischen ein verträumter Teich mit Wasserpflanzen, dieser Anblick macht einfach glücklich. Das milde Klima sorgt dafür, dass hier alles prächtig sprießt und gedeiht. Sogar Sukkulenten fühlen sich draußen wohl und sorgen unvermutet für Wüstenfeeling. Erstaunlich ist auch der Themenbereich mit Pflanzen, die in der Bibel Erwähnung finden.

Zur Freude aller Wissbegierigen tragen die Spezies Namensschilder und werden auf schmucken Majolika-Tafeln beschrieben. Botanische Kenntnisse kann man im zugehörigen Museum vertiefen, das in einem weißen Schlösschen untergebracht ist. Unterhalten wird die eindrucksvolle Anlage von der Universität Federico II. zur Forschung, Lehre und Bewahrung seltener Pflanzen. Auf den Weg gebracht wurde sie aber bereits im frühen 19. Jahrhundert von Joseph Bonaparte, Napoleons Bruder. Seither ist der Orto Botanico ein inspirierender Ort für Naturliebhaber und weckt Begeisterung für grüne Vielfalt.

- Orto Botanico di Napoli, Via Foria 223, 80139 Neapel, Tel. +39 081 2 53 39 37 www.ortobotanico.unina.it
- ÖPNV: U-Bahn L2, Haltestelle Cavour, von dort 15 Minuten zu Fuß, Bus 147, 182, 184, 201, Haltestelle Foria Orto Botanico

Sundowner am Jachthafen

75 Die Bar Transatlantico am Borgo Marinari

Entspannt lauschen wir dem Gluckern der Wellen und beobachten die sanft schaukelnden Boote am Hafen von Santa Lucia. Wir sitzen auf der Meerblickterrasse der Bar Transatlantico und genießen die Abendstimmung am Borgo Marinari. Die Bar gehört zum gleichnamigen Hotel, das direkt vor der Anlegestelle der Jachten liegt. Von den Plätzen am Wasser ist das „Festland" zu sehen, wo gerade die exklusiven Hotels an der Via Partenope ihre Beleuchtung anschalten. Während wir bei einer leichten Meeresbrise einen Fruchtcocktail und einen bitter-süßen Chinotto schlürfen, erscheint das ruhelose Treiben der Stadt erstaunlich weit weg. Ein warmes Insel-Feeling breitet sich aus, man ist völlig bei sich selbst und gleichzeitig mittendrin im Nachtleben Neapels. Ab und zu fliegt eine Möwe vorbei, nimmt auf einem schaukelnden Segelboot Platz und guckt neugierig herüber. Urlaubsgefühle, die man in den Koffer packen und mit nach Hause nehmen möchte. Doch nicht erst nach Einbruch der Dunkelheit entfaltet die Bar ihren Reiz, sondern bereits früh am Morgen. Als Ort für ein gemütliches Frühstück mit Croissants oder Kuchen ist ihre Terrasse nur schwer zu toppen. Mit dem Duft von Espresso in der Nase erfreuen sich die Gäste an der freien Sicht bis zum Vesuv und schauen den Jachten sehnsüchtig beim Auslaufen hinterher. Mittags serviert die Bedienung *primi piatti,* gerne Pasta-Gerichte aus der Karte des eigenen Restaurants, das in ganz Neapel für eine ausgezeichnete Fischküche bekannt ist. Seine Außentische sind mit blütenweißen Tischtüchern eingedeckt und schließen sich direkt an die Bar an. Kurz vor Sonnenuntergang erlebt man hier ein schillerndes Schauspiel in rosé-blauen Farben. In der Bar kann man sich abends ausgewählte Gerichte wie frittierte Speisen und Salate für den kleinen Hunger bestellen, sich einen Aperitif gönnen oder den Tag bei einem kakaobestäubten *gelato al tartufo* ausklingen lassen. Einfach herrlich!

● Bar Transatlantico, Via Luculliana 15 (Borgo Marinari), 80132 Neapel, Tel. +39 081 7 64 88 42, www.transatlanticonapoli.com
● ÖPNV: Bus 128, 140, Haltestelle Santa Lucia, U-Bahn L1, Haltestelle Municipio, von dort 15 Minuten zu Fuß

Plätscherndes Glück

76 Fontana del Nettuno auf der Piazza Municipio

Die Steinbank an der plätschernden Fontana del Nettuno ist genau der richtige Platz für einen lauen Sommerabend. Nicht weit entfernt vom Hafen verzaubert der prächtige Brunnen die Piazza Municipio in einen romantischen Lieblingsort. Entspannt lehnt man sich auf der großzügigen Bank zurück, schleckt ein fruchtiges Zitronensorbet und betrachtet dabei die märchenhaften Figuren. Von oben schaut Neptun zum Meer, gehalten von Nymphen und Satyrn. Unten am Becken tummeln sich Meeresungeheuer und Delfine, auf denen Tritonen reiten. Natürlich muss solch ein majestätisches Bauwerk bewacht werden, dafür sind die wasserspeienden Löwen an der Balustrade zuständig. Besonders stimmungsvoll wird es abends, wenn die geschickt inszenierte Brunnenbeleuchtung dem weißen Marmor eine wunderbare Strahlkraft verleiht. Die schönste Ansicht genießt man in Blickrichtung zum Castel Nuovo (Maschio Angioino), das ebenfalls hell beleuchtet ist. Doch es lohnt sich unbedingt, schon vor Einbruch der Dunkelheit zu kommen: Während langsam die Sonne über dem Meer untergeht, werden die umliegenden Palazzi in ein warmes oranges und goldgelbes Licht getaucht.

Angesichts dieser hinreißenden Szene mag man kaum glauben, dass der Brunnen erst seit einigen Jahren auf der Piazza Municipio steht. Das Prunkstück ist nämlich ein echter Wanderfreund und hat schon ganz Neapel gesehen. Erbaut um 1600 unter der Regie des Architekten Domenico Fontana stand er ursprünglich am Hafenarsenal. Nach seiner Umsiedlung auf die Piazza Plebiscito störte er die Ortsansässigen beim Festefeiern und man ließ ihn nach Santa Lucia transportieren. Noch viele andere Orte durfte der Brunnen bei seiner Reise durch Neapel sehen, bevor er schließlich seine Heimat auf der Piazza Municipio fand. Da trifft es sich gut, dass der neu angelegte Platz und das Hafenviertel verschönert werden. Möge er noch lange dort verweilen und seinen Besuchern viele Sommernachtsträume schenken!

- Fontana del Nettuno, Piazza Municipio, 80133 Neapel
- ÖPNV: U-Bahn L1, Haltestelle Municipio

Ein Märchen im See

77 Casina Vanvitelliana im Lago del Fusaro

Beschaulich liegt das Casina Vanvitelliana auf einem Inselchen im Lago del Fusaro. Getaucht ins rosafarbene Licht der untergehenden Sonne wirkt es beinahe mystisch, verzaubert. Ein harmonisch geschwungener Holzsteg führt hinüber zu dem barocken Pavillon, der wie ein Baiser-Törtchen aus dem See ragt. Besonders beliebt ist diese romantische Kulisse bei Brautpaaren, für welche die Gemeinde Bacoli das Seeschlösschen zeitweilig zum Standesamt umfunktioniert. Es macht Spaß, sie beim Posieren fürs Hochzeitsalbum zu beobachten: Die in blütenweiße Spitzenkleider gehüllten Bräute wirken vor dieser Bühne ein bisschen wie aus der Zeit gefallen. Ganz so, als ob sie mit ihren eleganten Angetrauten über die Brücke zu einem Ball ins 18. Jahrhundert unterwegs seien.

Keine Frage, der märchenhafte Ort am Rande eines kleinen Palmenparks regt die Vorstellungskraft an. Viele Ortsansässige meinen, dass ihr Casina das Haus der „Fee mit den dunkelblauen Haaren" im Pinocchio-Film aus dem Jahr 1972 sei. Allerdings wurde der in der Region Latium gedreht, doch die Großstadtlegende hält sich hartnäckig. Ein gefragter Filmschauplatz war und ist das schmucke Bauwerk aber dennoch. Gedreht wurden hier beispielsweise Szenen für die italienische Komödie „Ferdinando e Carolina" von Lina Wertmüller.

Es war im Jahr 1782, als der Bourbonenkönig Ferdinand IV. das Kleinod als Jagdschlösschen erbauen ließ. Für die Planung beauftragte er den Architekten Carlo Vanvitelli, Sohn des berühmten Luigi, der dem Casina zu seinem Namen verhalf. Dank eines Kulturvereins ist es zeitweise für Besichtigungen geöffnet. Sein Besuch ist eine reizvolle Ergänzung zum Ausflug in die brodelnden Phlegräischen Felder. Rund um das hübsche Schlösschen bieten sich für eine Tagestour weitere Highlights in der Umgebung an, wie beispielsweise der Vulkan Solfatara oder das Rione Terra in Pozzuoli. Unterwegs wird man umfangen vom magischen Zauber einer faszinierenden Landschaft mit glitzernden Seen und dampfenden Fumarolen.

- Casina Vanvitelliana, Piazza Gioacchino Rossini 1, 80070 Bacoli
- ÖPNV: ab Neapel-Montesanto S-Bahn Cumana Richtung Torregaveta, Haltestelle Fusaro

Shopping mit Flair

78

Von der Via Scarlatti zur Via Luca Giordano

Egal ob man sich einfach nur ein bisschen umschauen möchte oder auf der Suche nach einem schicken Outfit made in Napoli ist: In der Via Scarlatti und der angrenzenden Via Luca Giordano ist man völlig entspannt unterwegs. Schattige Alleen, elegante Jugendstilbauten und einladende Straßencafés machen einen Bummel durch die beiden Fußgängerzonen auf dem luftigen Vomero-Hügel zu einem angenehmen Zeitvertreib.

Ein beliebter Startpunkt ist die schöne Piazza Vanvitelli, von der man gemütlich über die Via Scarlatti schlendern kann. Sie führt vorbei an renommierten Läden wie dem Herrengeschäft Centro Moda mit eigener Maßschneiderei im Haus Nummer 123 oder dem stylischen Schuhgeschäft Pk by Pascal in Nummer 158. In Nebenstraßen sorgen Stände mit lokalem Kunsthandwerk für Abwechslung, mitunter wird dort die fröhlich-bunte Keramik der Amalfiküste verkauft. Langweilig wird es auf diesem Boulevard garantiert nie. Und sehnt man sich zwischendurch nach Mußestunden im Grünen, schlendert man einfach zum Park Villa Floridiana und findet ein Fleckchen Erholung.

Lust auf einen Espresso oder einen frisch gepressten Orangensaft? In der Via Luca Giordano gibt es Bars im Überfluss. An der Straßenkreuzung im unteren Bereich der Via Scarlatti erkennt man die benachbarte Einkaufsmeile sofort an den Tischen der Open-Air-Cafés. Bis in die Mitte der ausladenden Fußgängerzone reichen sie und es scheinen immer mehr zu werden. Mit ihrem ungezwungenen Flair laden sie dazu ein, Platz zu nehmen und die gesellige Atmosphäre zu genießen. So wie die Neapolitanerinnen, die dort gerne eine Shopping-Pause einlegen, um über dies und das zu reden. Süßes gibt's auch: In der stadtbekannten Pasticceria Scaturchio im Haus Nummer 79 schmecken nicht nur *sfogliatelle* und *babà*. Und keine Angst vor einem anstrengenden Rückweg! Die Straße verläuft nämlich etwas abschüssig, bis zur U-Bahn-Station an der Piazza Medaglie d'Oro. Da macht der Shopping-Trip gleich noch mehr Spaß.

TIPP

Bei La Piccolina Gino Sorbillo in der Via Luca Giordano 35 gibt es köstliche Pizza fritta auf die Hand.

● Via A. Scarlatti/Via Luca Giordano, 80127 Neapel
● ÖPNV: U-Bahn L1, Haltestelle Vanvitelli

Himmlische Schneeflocken

79

Genussmomente in der Pasticceria Poppella

Die Sonne scheint, der Himmel strahlt und nicht ein Wölkchen ist zu sehen. Genau der richtige Tag, um ihn sich mit einer Schneeflocke aus der Pasticceria Poppella zu versüßen. Der zart im Mund schmelzende *fiocco di neve* ist der Star der berühmten Konditorei im Herzen des Sanità-Viertels. Gefüllt mit einer delikaten Creme aus Ricotta und bestäubt mit Puderzucker macht das fluffig leichte Brioche seit seiner Erfindung vor einigen Jahren alle Gaumen verrückt. Das gilt auch für seine Variationen mit Schokolade oder Pistazien.

Doch das kleine Meisterwerk ist nur eine von vielen Verführungen dieser historischen Glücksmanufaktur, die 1920 als einfache Bäckerei entstand. Genüsslich kann man sich im Stammladen an der Via Arena alla Sanità bei einer Tasse Kaffee durch die Köstlichkeiten ihrer meterlangen Verkaufstheke naschen. Sie verzaubert mit einem bunten Ensemble an neapolitanischem Gebäck wie *sfogliatelle* und *babà,* exquisiten Obstkuchen und kunstvoll dekorierten Torten. Sie sehen wie gemalt und fast zu schade zum Essen aus. Und immer wieder kommen neue Versuchungen hinzu, liebevoll erstellt in der hauseigenen Accademia del Gusto. So wie der zum Festtag des Schutzpatrons kreierte *Calice di San Gennaro,* ein Biskuit-Küchlein mit einer saftigen Amarena-Kirsche, gefüllt mit *crema fiocco.*

In der Sitzecke neben der Tür genießt man die Köstlichkeiten in der Gesellschaft einer freundlichen Pulcinella-Statue und blickt dabei auf Körbe, die dekorativ hinter der Theke hängen. Sie erinnern an eine alte neapolitanische Tradition: Ein Korb mit abgezähltem Geld wird von oben aus dem Fenster gelassen, von einem vorbeifahrenden Händler befüllt und wieder heraufgezogen. An das Gebäck von Ciro Poppella gelangt man glücklicherweise leichter. Es gibt die Konditorei nämlich auch an der Piazza Cavour und in der Via Santa Brigida zwischen dem Maschio Angioino und der Via Toledo.

● Pasticceria Poppella, Via Arena alla Sanità 28/29, 80137 Neapel,
Tel. +39 081 45 53 09, www.pasticceriapoppella.com
● ÖPNV: U-Bahn L2, Haltestelle Cavour

E' IL MIO TURNO
59
POPPELLA
CAKE·STAR
Napulè
EPAL

Das versteckte Pentagramm

80

Rundgang auf der Piazza del Gesù Nuovo

„Hochzeit auf Italienisch" heißt ein Spielfilm aus den 1960ern, in dem Sophia Loren über die Piazza del Gesù Nuovo spaziert. Schon damals war dieser Platz mit seinen Palazzi in warmen mediterranen Farben ein beliebter Treffpunkt. Vor einem Abstecher über die Via Benedetto Croce ins aufregende Spaccanapoli ist es ein Vergnügen, seine lebendige Atmosphäre auf sich wirken zu lassen.

Am gemütlichsten lässt sich das Treiben auf der Piazza von einem der umliegenden Lokale beobachten. Zuerst fallen die Reisegruppen auf, die sich am Touristenbüro versammeln. Manche kommen mit knallroten Bussen, die hier einen Stopp einlegen. Vom offenen Verdeck fotografieren sie emsig die geschichtsträchtigen Bauwerke rund um den Platz, zuallererst natürlich den pittoresken Glockenturm der Basilika Santa Chiara und den barocken Obelisken mit der sternengekrönten Marienstatue auf der Spitze.

Doch wie so oft versteckt sich das Glück auch auf der Piazza del Gesù Nuovo hinter einer unscheinbaren Fassade. Genau genommen sogar direkt auf einer Fassade, und zwar jener der Jesuitenkirche Gesù Nuovo. Steht man davor, erkennt man beidseitig die lange Trasse von Spaccanapoli und hat freie Sicht bis hinauf zum Castel Sant'Elmo. Zwar gilt die Kirche wegen ihres reichen Barockinneren als eine der schönsten Kirchen Neapels (unbedingt anschauen!), ihre Außenansicht lässt dies zunächst jedoch kaum vermuten. Allerdings trügt der erste Schein gewaltig. Für alle sichtbar und doch unsichtbar birgt ihre Diamantquaderfassade aus Lavasteinen ein spannendes Geheimnis. Es beflügelte die Fantasie der Menschen so sehr, dass die Kirche früher sogar auf dem 10.000-Lire-Schein abgebildet wurde. Erst 2010 entdeckte ein Kunsthistoriker, dass die in Stein gemeißelten Symbole auf der Fassade ein Pentagramm darstellen. Übersetzt man es in Musiknoten, ergibt es ihm zufolge eine atemberaubende sakrale Komposition. Auf YouTube kann man sie hören – Gänsehaut-Feeling!

TIPP

Unbedingt den mit Majolika verzierten Kreuzgang des Klosters Santa Chiara um die Ecke anschauen!

- Piazza del Gesù Nuovo, 80134 Neapel
- ÖPNV: U-Bahn L1, Haltestelle Dante

Für unsere Eltern.

Wir danken allen, die uns bei diesem Buch unterstützt haben.
Ganz besonders
Maria, die uns köstlich bekocht hat,
Luigi für die Führung durchs Rione Sanità,
Andrea fürs Rucksacktragen bei 39 Grad
und natürlich der Sirene Parthenope,
ohne die es dieses Buch nicht geben würde.

Bibliografische Informationen der Deutschen Nationalbibliothek
Die Deutsche Nationalbibliothek verzeichnet diese Publikation in der Deutschen Nationalbibliografie; detaillierte bibliografische Daten sind im Internet über http://dnb.d-nb.de abrufbar.

Konzeption/Satz: Droste Verlag, Düsseldorf
Einbandgestaltung und Illustrationen: Britta Rungwerth, Düsseldorf, unter Verwendung von Bildern von © Fotolia.com: jd - photodesign.de; © iStock: Plociennik Robert
Fotos: Giovanni Buommino, außer:
S. 29: Mit Genehmigung des Ministero della Cultura - Parco Archeologico di Pompei. Reproduktion und jegliche Form der Vervielfältigung ist nicht gestattet; S. 33: Napulitanata; S. 41: Angelo Pomposo Martinelli; S. 53: Oramata Grandi Eventi; S. 59: Galleria Borbonica - Foto: Vittorio Sciosia; S. 87: © robertovell - stock.adobe.com; S. 89: Ministero della Cultura - Museo e Real Bosco di Capodimonte, Foto: Luciano Romano; S. 95: Teatro Bellini; S. 111: Mit Genehmigung des Ministero della Cultura - Museo Archeologico Nazionale di Napoli, Foto von Giorgio Albano; S. 113: © Liberty - stock.adobe.com; S. 119: Ernesto Torre - Courtesy ANM. Spa; S. 131: Peppe Avallone - Courtesy ANM. Spa; S. 143: Ministero della Cultura - Museo e Real Bosco di Capodimonte, Foto: Giovanna Garraffa; S. 145: © Di jimboscar - stock.adobe.com; S. 155: Image courtesy of Naples Botanical Garden, Foto: Giancarlo Sibilio

Fotos S. 9, S. 71, S. 105 von Giovanni Buommino entstanden mit freundlicher Genehmigung des „Ministero per i beni e le attività culturali e per il turismo - Polo Museale della Campania"
Foto S.63 von Giovanni Buommino: „Testa di Pulcinella, 2012, bronzo policromo, Courtesy of the Artist Lello Esposito"
Wir danken dem „Sindaco di Napoli" und dem „Ufficio Cinema del Comune di Napoli" für die freundliche Unterstützung und Genehmigung der Aufnahmen.

FSC www.fsc.org
MIX
Papier aus verantwortungsvollen Quellen
FSC® C011279

Druck und Bindung: LUC GmbH, Greven
ISBN 978-3-7700-2207-6

www.droste-verlag.de